МИХАИЛ ЮПП

ЗОВ
ТРЕТЬЯ КНИГА СТИХОТВОРЕНИЙ
И ПОЭМ

ОФОРМЛЕНИЕ ХУДОЖНИКА
МИХАИЛА ШЕМЯКИНА

APOLLON FOUNDATION
NEW YORK
1988

михаил   юпп
зов
третья книга стихотворений и поэм

m i h a i l   y u p p
zov
tret'ia kniga stikhotvoreniy i poem

copyright © 1988 by mihail yupp
cover and collage © mihail chemiakin

library of congress catalog card number:

87-061133

Printed by
Effect Publishing Inc. 501 Fifth Av.NYC,NY 10017

ISBN: 0-911971-36-x

СТИХОТВОРЕНИЯ
И ПОЭМЫ

РОССИЯ

* * *

Какая в этом мире суета!..
Жара, а уж затем прохладный дождь,
Чахоточный кустарник у вокзала.
Смысл углублен, но давит мелкота,
Пыль, якобы венецианский дож,
Блеск зеркала толпа слизала...

Томленье слов в полунамеке,
Асфальт дырявит одуванчик,
Струятся годы, чувства не задев.
Давным-давно перевалили сроки,
Старик, на побегушках мальчик,
Животное заходит в теплый хлев...

Хлеб на прилавках кучками навоза,
В одежде уголь спорит с нефтью,
Чадит под электричеством свеча.
Наверно не хватает нам наркоза,
Когда штандарт вздымается над верфью
И рубит неестественность сплеча...

1977
Ленинград

ТВИСТ

Андрею Гайворонскому

Конечно хорошо —

               когда стучат каблуки,
               когда стучат каблуки,
               когда стучат каблуки!

Конечно хорошо —

               когда танцуют твист,
               танцуют под свист передовиц!

Милая, что ты
глядишь в потолок —

               когда стучат каблуки,
               когда волнуется кровь?

Милая, ты
не холодильник, не лед —
ЖАЖДУ

      ритмом
           танца
                утоли!..

Что мне век?
Я не смыкаю век.
Я — человек.
Я совсем не снег.
Твист мое кредо!
Это,
это —

      ипподром,
              велодром,
                       танц
                       трек.

Шпарь на мотороллере!
Шпарь,
       шпарь,
            шпарь!..
Мелочи в сторону.
                 Спешите жить!
Хилая мещаночка, в моде твист,
Жизнь моя — профессор-окулист...
Синее,
синее растертое пятно,
Краски смазаны,
               смазали по морде.
Стекла вдребезги!
Это — твист.
Тряска задниц,
              вибрация соска.
Неприкаянность моя — мой век,
Из вечности стих лепи.
Разное,
       разное,
             разное,
                    разное
Приходит под этот ритм!..
Конечно хорошо —
                 когда танцуют твист,
                 когда танцуют твист,
                 когда танцуют твист!
Конечно хорошо —
                 когда стучат каблуки,
Только ни к чему этот твист.

Это дрожание,
                    подражание,
Вывернутость ритма,
Выгиб стиха.
Твист — интурист,
                    и я знаю заранее
ФИНАЛ...
                    обезумевший твист...
По улицам пары —
                    текут,
                    текут.
Слезы у парня —
                    текут,
                    текут.
Парень от ритма —
                    тикай,
                    тикай!..
С Т У Ч А Т   К А Б Л У К И ...

1962
Ленинград

* * *

Мысль повторенная не более, чем путь
С надрывом пройденный на перепадах страсти.
Полощется расплывчатая суть
Противоречущая всякой власти.

Я увлекался играми в Ничто!..
А годы промелькнули пестрой птицей.
В святых колодцах мертвою водицей
Исчерпаны познанья... Решето

Давно уж поросло зеленым всплеском
Непредсказуемых, российских грез.
Взошла луна над черным перелеском
Кривых, колючих, проволочных звезд...

1980
Ленинград

ЧУЛАННЫЙ МИР

Прошабаршит в чулане граммофон:
— Я тоже что-то значил в этой жизни,
Не то что этот призрак укоризны —
Бесчувственный, шпиатровый грифон...

Под шип и треск асфальтовых рептилий,
Жует романс заезжий прохиндей.
Кружится ”Пишущий Амур”, как лицедей
Пред оргией утраченных идиллий...

Прабабкин, с мелким бисером альбом,
Ошпарит северянинским апломбом.
Псише подточенное шашелем как тромбом,
Чуланный мир перевернет вверх дном.

И... выпадут случайно из бювара
Два-три листка с наивнейшим стихом.
В них дед клянется в верности, и в том,
О чем уже давно молчит гитара...

1977
Ленинград

САПОЖНИК

Затерянный в провинции души —
Живу себе, затурканный сапожник.
И каждый день меняя на гроши,
Я скрытней становлюсь и осторожней.
Чужая обувь — прошлого не смыв,
Мне стоптанные души раскрывает.
Ах, Туфельки, забудьте про надрыв,
Ваш каблучок как новенький сияет.

Подошвы с тротуарами — враги,
Особенно заморского покроя.
Ну, что вы кукситесь, товарищ Сапоги,
Опять нутро горит от перепоя?..
Начищены до блеска, по старинке,
Но с кожезамененною душой —
Следят за мной Служебные Ботинки,
Починки ожидая небольшой.

Так каждый день копаешься во мгле,
Разогреваешь клей, а он все стынет.
Я починю вас на моем столе,
А кто ж меня, когда стопчусь, починет?
Конферансье — сияют "лакиши",
Фарцовщика — с чужой ноги "кроссовки".
Приклеен ремешок и рант прошит,
Прибиты серповидные подковки.

Понятна ваша стоптанная суть,
Ваш обувной, ваш разноцветный парус.
Вы от меня начнете — новый путь,
А я опять в провинции останусь...

1964
Ленинград

* * *

Эпоха о своем — я о своем,
Ломают копья где-то, строят козни,
Но я, надежной крепостью свой дом
Отгородил, непрошенные гости,
От ваших приставаний — что и как?..
Деритесь! Мне сегодня не до драк.

Я вышел из игры... Свое года
Берут на перепутьях ожиданий.
Иная увлекла меня среда,
Иные образы, совсем иных звучаний
Вошли в архитектонику стиха...
Грешите! Ныне мне не до греха.

Не много остается в жизни сей:
Любимые, прочитанные книги,
Медвяные шепот северных церквей,
Страданий стихотворные вериги.
Эпоха, в грязь втоптавшая меня...
Купецствуйте! А мне не до вина.

1977
Ленинград

14

БАЛЛАДА О ФРАНСУА ВИЙОНЕ

Эдуарду Сорокину

Был прав дружище Франсуа,
Когда нисколько не жалея,
Расправив гордо паруса
Проплыл по жизни. Не имея
Тепла. А может быть тепло
Иных веков его согрело?..
Но что-то сердце дико жгло,
Но кто-то дико мучил тело.
Был холод, пьянки, стервецы,
За шлюхой проплывала шлюха.
Влиятельнейшие отцы
Шептали на ухо: — Франсюха,
Остепенись!.. По кабакам
Кончай ты шляться с бандой вшивой.
Твои баллады — любы нам,
С иной начинкою, родимый...
Рыдал Вийон! (Был сильно пьян),
Бил в грудь себя, и все не ведал,
Что горечь, пустоту, изъян,
Он дерзкою балладой делал...

Дружище! Жизнь не повернуть!
Но мне и горько и обидно,
Что у поэтов — тот же путь
И края этому не видно!..

1964
Ленинград

К КАРТИНЕ ЛАДО ГУДИАШВИЛИ "ТАНЕЦ"

...смотрю как взмыл крылатый конь Мерани.
О, Грузия — какие созерцанья
Ты подарила сморщенной землей!
Здесь бродят круторогие отары,
Там виноград упрятал дух хмельной
В протяжные, но четкие удары
Зурны и бубна, кисти и пера.
Неповторимые венчают вечера —
Святой Георгий и Шота Непревзойденный
С Блаженным Пиросмани!.. О, страна
Орлиного полета над бездонной
Пучиной рога достославного вина.
Плывет грузинка в танце величаво,
Стан влево гнется, руки взмыли вправо.
Строкой Бараташвили мысль ведя
К высокогорным пастбищам Кавказа,
Где земли стран полуденных пройдя
Вернулся Тариэл со шкурой барса!

1977
Ленинград

16

ИСКУССТВОЗНАНИЕ

В этих печальных объемах рассказа —
Ширь в монотонном дробленье длиннот,
Сосредоточенность вдруг отвлечет,
И по периметрам, близким для глаза,
Старых холстов заскользит... и тогда —
Выплывут фрейлины, тени, стада...
Вновь живописный, залаченный воздух
Взгляд перехватит подобьем окна.
Всадник промчится, забывший про отдых,
Ждет его в трех сантиметрах — Она
В пурпуре, в золоте, в страсти, в смятенье,
В очаровательном хитросплетенье
Старых холстов в полупризрачных залах,
В сонме пастушек, наяд и маркиз.
Вновь размагничена сонная жизнь,
Солнце сияет в поющих бокалах.
Ожило время — Зла и Добра,
Света и Тени, Клинка и Пера!..
Искусствознание ринулось в бой,
Сбросив доспехи эпох и эстетик.
Пляшет до одури карла смурной,
К Даме Бубновой, Крестовый Валетик
Сладко прижался... Ее же глаза,
Пиковый сверлят затылок Туза.
Так и звучит эта музыка красок
Старых холстов из-под огненных рам.
Скорби и Радости высится храм,
А чуть поодаль кричит мне подпасок:
— Дяденька, миленький, перелезайте!..
— Да-да, я слушаю вас... продолжайте...

1977
Ленинград

СТИХИ О КНИГАХ

Алику Рабиновичу

1

Все книги и книги и книги,
Погоня, долги и тоска.
Дешевые всхлипы и вскрики,
Дрожащая нервно строка.

Все фразы и фразы и фразы
Упавших случайно словес.
Случайных знакомств самовязы,
Сентенции зла и чудес.

Все заполночь чтенье и чтенье,
И до бесконечности мрак.
Вот я, углубясь в сочиненье,
Увидел вдруг жуткий бардак.

Как все в этой жизни превратно!
О, автор, так чем же меня
Сковал, если пишешь невнятно,
Раздолбанной лирой звеня?..

Все думы и думы и думы,
И там, пред концом — пустота.
И бродят герои угрюмы,
И вслед им бредет суета...

2

Умирают букинисты, антиквары,
И кочуют книги по рукам.
Времени стихийные базары
Липнут к облюбованным вещам.

Это ль не ирония пристрастья,
Страстных собирателей судьба,
Горькая, увы, в минуты счастья,
В сторону ушедшая тропа?..

Милые вещицы-безделушки,
Книги, что к сознанью приросли:
Куплены вы были за полушки,
Проданы вы были за рубли.

Призрачные носятся легенды
Оставляя где-то на полях —
Обладанья жалкие моменты,
Наслажденье, суетность и крах...

1977
Ленинград

* * *

...как ты там — души моей наивность,
Поживаешь в сумрачном лесу?..
Характерную судьбы хрестоматийность,
До сих пор незавершенность, на весу
Держит белым облаком страницы
Над нейтральной полосой границы.

...где вы там старинные слова
Хорохоритесь на поприще алканий?..
От стихов — распухла голова,
От безумств — черновики посланий
Сосланы навечно в рудники,
В залежи ненайденной строки.

...что там, что в заброшенном мерцает
Подземелье пройденных дорог?..
Вот поэт подкупленный бряцает
Орденами лживых дел и строк.
Но душа, как ненасытная неясыть
Сиганула из наивности в опасность.

...там в опасном, сумрачном лесу
Обволакивает вкрадчивая подлость.
Душит, душит виноградную лозу
Сорняка живучая покорность.
Только над пространством рудников —
Мачты сосен в изумрудах слов!

1977
Ленинград

ТЕРЦИНЫ К ДАНТЕ

Ах, Данте, Данте, милый Алигьери,
  Божественной Италии артист!
  Опять сомненья топчутся в преддверье.
Опять в фаворе пошлый куплетист
  Над гением глумится. В мир смещенный
  Уводит путь — не легок и тернист.
В изгнаннический, злобный, отрешенный
  Мир дантовского Ада мы войдем.
  Вот пращура в реторте дух зловонный,
А вот империи, что выжжены огнем.
  Здесь — самодуров жалкие останки,
  Там — чванные Гоморра и Содом...
И... Беатриче на лесной полянке
  В безумстве иммортель вплела в косу.
  Пусть этот образ Девы-итальянки
Преследовать нас в бурю и грозу
  Всю жизнь будет. Вспоминая о потере,
  Поэты бродят в сумрачном лесу.
Ах, Данте, Данте, милый Алигьери!..

1977
Ленинград

ЛЕБЕДИНАЯ ПЕСНЬ

В. С.

Старый лебедь на пруду кружа
Размышлял о прошлых перелетах.
И к нему подплыла, чуть дыша,
Юная лебедушка, и в водах
Отразился их двойной изгиб,
И растаял у прибрежных лип.

Тишина скользила водомеркой,
Время — Правде обнажив чело,
Суетность прошедшего взнесло
Старенькой, истертою фанеркой
С надписью суровой "Не кормить".
Но кого за прошлое судить

На пруду, где лебедь неспеша
Рядом плыл с лебедушкой по глади?
Вот она склонила, чуть дыша,
Голову на выцветшие пряди
Обессилевших и старых крыл...
И служитель мрачный приходил.

Прибивал истертую фанерку,
Выливал, полусогнувшись, корм.
И не замечая четких форм,
Изловить пытался водомерку
В час, когда восторженно трубил
Старый лебедь, из последних сил.

1978
Ленинград

СОЗЕРЦАНИЕ

Следить как медленно тяжелая вода
В предзимние стекает холода.
У кромки угасающего года
Застыла в созерцании Природа
Над свитком замерзающих земель,
Вначале обхватив сухую ель,
Затем изрезав плоскость и рельеф,
И там, у горизонта, замерев...
Вот в хрустали вчерашних брызг вошла
Седая, колченогая ветла.
Измученная долгим плачем ива,
Засохшая прибрежная крапива.
Крутой оскал обрыва в дырках гнезд —
Стрижей, полевок и сгоревших звезд.
Меж впалых ребер стужи — берега
Следят как медленно смерзается река...
Вот мелководья обнажилось дно,
Где все давным-давно обнажено
Игрой бесхитростных плавучих выживаний,
Двоякодышащих сжиманий, разжиманий.
Где миллиарды глаз жуков и мошек
Глядят из ледяных, речных окошек
На Высший Вид, что и зимой не спит,
А за Природой пристально следит...
В час ветра, в час жестокого мороза,
Приветливо к нам тянется береза.
Дуб, в час ненастья, спрячет под покров,
В час холода, сосна вязанку дров
Подарит... Бирюзовая слегка,
Река подставит плоскость для катка.
В круговороте превращений — снег и снег,
А на снегу, как выстрел... человек...

1977
Ленинград

РОМАНТИЧЕСКАЯ БАЛЛАДА

Опять придавили тяжелые сны...
По белой равнине, на белом коне
Я мчусь в неизвестной белесой стране,
И Кто-то с Подветренной мчит Стороны.
Вот мы поровнялись, вот мы на ходу —
Въехали в белую пустоту.

Он бородат — и я бородат,
Белый конь у него — белый конь у меня.
Четыре шпоры во мгле звеня,
О чем-то своем говорят.
Но мы не слышим, мы мчим вперед
Сквозь белую кипень пустот.

Подъехали, спешились, белых коней
Расседлали, пустили пастись.
Сияла белесая, мертвая высь,
Ни ветра, ни туч, ни теней...
И Всадник с Подветренной Стороны
Сказал: — Я твой призрак вины!..

Тут ветер взревел, тут тени легли,
Тут смешались вечность и миг.
Из пустоты доносился крик —
Неизвестной, белесой земли.
Улетучился Всадник... Один я, один
В сумраке белых равнин.

Где я и кто я? И что это было:
Реальность ли, сон?.. Не пойму...
Медленно въехал в червленую тьму,
А вокруг все хрипело и выло.
И я вдруг проснулся в голодном детстве,
И от холода некуда деться...

Тени бродят по комнате, сжатой
Ленинградской блокадной тьмой.
В детскую душу призрак ночной
Шестеренкой вонзился зубчатой.
Проходила война, но совсем не во сне,
А в знакомой червленой стране.

За окном неохотно рассеялся мрак
И распались тяжелые сны.
Реальность с Подветренной Стороны
Являла обрыдлый страх.
И только Всадника голос сквозь дни:
— Я твой будущий призрак вины!..

1980
Ленинград

ЛУНА В ОКНЕ

Просолены размашисто и круто,
Прут хари из-под пышных париков.
Русь, века осьмнадцатого, будто
Объевропеилась у невских берегов.

А все ж такая буйная хитрюга,
Поклоны бьет и гадит на паркет.
И лобызает недруга как друга
В чужом пиру медвежий домосед.

Клянется в верности и спичи произносит,
В засос целуя дам, орет: — Виват!..
Ан зависть жабой в буркалах елозит,
Хоть с виду мягкотел и тороват.

И плачет спьяну... (О, паскудная натура!)
И протрезвев торопиться вернуть
Все то, что подарил в застолье сдуру,
Избрав при этом самый подлый путь.

Так он глядит с парадного портрета,
Прет харя из-под блесток парика.
Луна в окне — петровская монета,
Беззвучно закатилась в облака...

1978
Ленинград

СКВОЗЬ ВРЕМЕНА

> Ах! Беречь было монету
> Белую на черный день.
>
> *Г. Р. Державин*

Век Восемнадцатый!..
Как будто бы вчера,
Под вечер заглянул ко мне Державин.
Сместились времена под крышей ржавой,
И о былом всплакнули флюгера...
Мы долго говорили, вспоминали;
Не прост был простоватый Гавриил.
Давно в стаканах крепкий чай остыл,
В подсвечниках виденья догорали.
Вскользнул рассвета удивленный луч,
Сквозь времена запела звонко птица.
Печаль прошедшего избороздила лица,
Былых звучаний затерялся ключ...
Пригрезилось, приснилось?..
Нет же, право,
Он был здесь, мы гоняли с ним чаи.
Вот страшноватые наплывы от свечи,
Вот кресло, чуть повернуто направо.
Державин, где вы?..
Всколыхнулась тень
И черновик упал... Сомнений нету —
Не уберег я встречу, как монету,
Ту белую, на самый черный день.

1977
Ленинград

ИГРА

Идет игра, игра желаний, —
Вскипает страсть, бурлят умы.
Свет проникает в чрево тьмы,
А тьма, безумством обладаний,
Вошла блудливостью игры
В глаза — бильярдные шары.

Они снуют туда-сюда,
Финал их — чистая нажива.
Фатальный Рок глядит игриво,
Как мы из грязи в господа
Выкатываем спесь, куражась,
Но... вдохновляет денег тяжесть

На игры новые... Где на
Мгновенья выплеснуты годы.
Я должен выиграть, уроды,
Во что бы то ни стало!.. Дна
Мне вашего, противно лоно,
И уверяю — все законно

В моих желаньях стольких лет,
Растраченных, увы, бесцельно.
Ведь жизнь, тогда лишь огнестрельна,
Когда есть воля — пистолет.
Заряжен он последней пулей,
Азартом страсти вельзевульей.

Ага, вы пятитесь, уроды!
Что, страшно стало пред концом?
Наверно я вам, подлецом
Кажусь, вас обыгравший с ходу.
Шампанским залито сукно,
Я заплачу, мне все равно...

1977
Ленинград

* * *

Конец столетья — гибель поколенья!..
О, век двадцатый, ты довел до истребленья
Доверчивую горлинку-мечту,
А вместо слез, обременил обузой.
Так для кого я в чистоте веду
Остатки романтических иллюзий?..

Опошлен быт, пылится между рам
Душа, уж неподвластная богам.
Техническими новшествами смята,
Жизнь тихо убывает день за днем.
В наркотики политики зажата,
Земля — давно забыла о былом...

Как втиснуты в условья выжить мы
Среди тревог кощунственной зимы.
Как мы распяты среди зол житейских
На крохотной площадке крупных ссор,
Где совесть узурпирована в резких
Противоречьях мира до сих пор!..

Системы злобно доминируя, рвут связи —
Взаимообусловленностей мрази,
Взаимопониманий двух культур
Пред гибелью, что обещает... Третья...
Смердит двадцатый век — век диктатур —
Загубленными судьбами столетья.

1980
Ленинград

ЛИРИЧЕСКОЕ ОТСТУПЛЕНИЕ

Нет дня, чтобы душа не ныла,
Не изнывала б о былом...

Ф. И. Тютчев

...а Тютчев книг не собирал.
Он их прочитывал, и с дружбой
Другим поэтам отдавал.
Заверченный казенной службой,
То в Цюрих уезжал, то в Рим.
Загадочна жизнь дипломата,
Когда поэзией палим,
Вдруг улыбался виновато,
И тихо на ходу бросал:
— Простите, в думах о потайном
Я форзац книги исписал
Безделицей, стихом случайным.
Не обессудьте, под рукой,
Увы, листа не оказалось.
Да, сочиняю я порой...
Нет, ничего не издавалось.
Да и кому нужны они,
Стихи, простите, дипломата?
Поэт дремучей стороны,
Я для России — как расплата
За чью-то вздорность и успех.
Но, сударь, я спешу, вот книга,
Она, поверьте, не для всех,
И в то же время не безлика.

В ней вы найдете то, что в вас
Переплелось и отразилось.
И глубиной любимых глаз
Вблизи чарующе светилось.
И уводило в сладкий плен
Любовных мук и ожиданья.
Все остальное — пыль и тлен!..
Не жизнь, а видимость вживанья.
Закручен я казенной службой,
Урывками стихи пишу.
Примите эту книгу с дружбой!
Я, сударь, в Цюрих вновь спешу...

1978
Ленинград

У ЧЭН-ЭНЬ УВОДИТ НА ЗАПАД

Иней, ветры, снег и морозы,
Год уходит, а дни не собрать.
Мир китайской классической прозы
Продолжаю с упорством читать.

Там в узорчатых яшмы извивах
Чар змеиных закручен клубок.
Лень и труд во дворцах и на нивах,
Инь и Ян, лицемерье, порок.

Пять вещей, и над каждой основа
Трех религий объяла народ,
Что запомнил от слова до слова
Свой Великий на Запад поход.

Поднебесная!.. Что тебе слезы?..
Дух Дракона в сознанье взыграл.
Иней, ветры, снег и морозы,
Снова я до рассвета читал...

1978
Ленинград

ПЕРЕЧИТЫВАЯ "МАНЪЁСЮ"

Чаша в паутине трещин,
Пустынным побережьем дно.
В последней капле небо догорает...

1977
Ленинград

ДХАММАПАДА

Гуси-лебеди в небесах,
Как рябиновый сок на губах.
Над лоскутными картами стран,
Косяки караванных путей: —
Древнерусских лебяжих нирван,
Лебединых индийских речей.

Серебристая прядь на пруду,
И органный хорал поутру.
И лоскутья осенних кустов
У почти что уснувшей реки.
В разноцветье других языков
Тех гусей-лебедей языки.

И ведет из санскрита строка
К сладкопахнущей дхамме цветка.
В мир прозрачных рождений нирван
С бхикшу мысль направляется в лес.
Гуси-лебеди лоскуты стран
Сшили накрепко небом небес...

1977
Ленинград

АЛМАЗНАЯ СУТРА

Войдя сюда, живу совсем не так,
А говорят: — Как одарен и щедр!..
Уж сколько лет пронзает свет и мрак,
Мой дух, что перешел в душистый кедр.

Блистательные строки скрытых дум
Оттенками играют в грязном мире.
Но совершенствуется в познаваньях ум:
Где у́же Запад — там Востоку шире.

Подумалось, что всем векам вразрез,
Я оказался среди вас случайно.
Душистый кедр облагородил дикий лес,
А говорят: — Как все необычайно!..

1980
Ленинград

МОНОЛОГ ЭЗОПА

Люди более склонны других осуждать,
Чем в себе этот тяжкий порок замечать.
Похихикав злорадно и подковырнув,
Но, увы, не приметив, что стали мишенью,
Обижаются, если слегка подтолкнув,
Мы к зеркальному их подведем отраженью.

В доброте — утонченной жестокости штрих,
Дабы нищенство духа подметить в других.
Каждый день возвышаясь над уровнем масс,
Каждой ночью дрожим поплавком на воде.
Если горе соседа не трогает нас,
Кто ж тогда нам удружит в грядущей беде?

Откровенье других нам, как тяжкий недуг;
Мы вращаем свой узкий, свой замкнутый круг.
В круге том, никакой уже личности нет,
Всех подмял под себя толстокожий болван.
О, какое презренье несется вослед
Тем, кто мудростью в отчем краю осиян!

Рим, осмелюсь заметить, силен и велик,
Но не вечен, поскольку основ не достиг
В посягательстве, дальние страны стереть,
И рабов не людьми, а скотиной считать.
Результат на лицо — загниванье и смерть,
А ведь надо Великое в Малом искать.

Госпожа, чтоб не скучно вам было, и чтоб
Стало ясно... презренный явился Эзоп
Рассказать про Лисицу и про Виноград;
Как хотелось ей слопать прохладную горсть.
Высоко виноградные гроздья висят,
Недоступность рождает в нас зависть и злость.

Я ваш раб, госпожа, я презренней осла,
Но мои прибаутки молва разнесла.
Что с того, что уродливо тело и лоб?..
Вы прекрасны, но тянет вас все ж к старику:
Потому что о многом расскажет Эзоп,
Ну, а басни мои — вмиг разгонят тоску.

Приглядитесь: как мышь копошится в зерне,
И как кошка ее поджидает извне.
И как пес эту кошку спешит изловить,
И как бедного пса бьет дурной человек...
И как силятся люди — людей покорить
За один лишь, короткий, человеческий век!

Госпожа, кто дал право других обижать?
Петь о братстве, но подло потом убивать?
Перепившись — о вечной любви говорить,
А проспавшись — весь мир ненавидеть вокруг.
Почему мудрецу запрещает творить
Этот, все в человеке убивший, недуг?..

Я в неволе состарился, кости болят,
Но рабы молодые мои басни твердят.
Ибо к мудрости жив в человеке порыв,
Через тернии всех исторических троп.
Несомненно одно, что меня пережив —
Будут помнить все то, что поведал Эзоп!..

1978
Ленинград

СЛАДКОЗВУЧНО ИМЯ — ФЕТ

Тихо плакать о прошедшем,
Осязать нездешний свет.
В этом облике безгрешном,
Сладкозвучно имя — Фет.
Он приходит в час разлуки,
В одинокий, тихий час.
Ворожат простые звуки
Волшебством душевных фраз.

Как он жил, и как метался,
Как любил, и как страдал;
Как всю жизнь назывался
Тем, что в корне презирал —
Не расскажет жуть евразий
И холодный Петербург.
Так-то, друг мой Афанасий,
Сладкозвучный демиург!..

На Руси издревле права
Лишены — в ком две крови
Перемешаны, и право,
Не дано им знать любви.
Тихо плакать им ночами,
Горько днями горевать.
Подменяя жизнь стихами,
В одиночестве сгорать...

1978
Ленинград

В "ТЕМНЫХ АЛЛЕЯХ"...

В "Темных аллеях" бунинской прозы,
Бесконечная тянется вереница.
И мужские начала, и женские грезы
Обнажают правдоподобные лица.

После каждой, неминуемой, остановки,
Та же зыбкая пригоршня страсти —
Брошена в серые будни уловки
Бутафорских ненастий...

Мы готовы молиться звуку пустому
В амбарах старинной драмы.
Но Госпожа Эпоха совсем по-иному
Оценит достоинство Дамы.

Если раньше живопись воспевала Тело,
То теперь, ничего нет проще —
Таинством обладать рокового предела
В урбанистической роще...

В "Темных аллеях" Бунина — начало
Едва ли укладывалось в наружность,
Где столько славного в нас развенчала
Русская сущность!..

1979
Ленинград

ЛАМСКИЙ ПАВИЛЬОН В ЦАРСКОМ СЕЛЕ

Руиной мрачной вознесен —
Холодный Ламский павильон.
Гоню виденья, но однако
Не в силах память обмануть.
И вот исписана бумага,
И так ясна немая суть

Невосстановленной развалины.
Обрывки, перегной, прогалины.
Стою внутри, кирпич подняв,
Искривлена клейма глазница.
Куст бузины, проем обняв,
Средь стен обшарпанных ветвится.

Летучих тварей скучный рой,
Сквозной вплетается строкой.
Пьет сизый небосвод слова,
Теснятся вещи и виденья.
И только вечная трава —
Являет сущность положенья.

1977
Пушкин

* * *

Ивняки, осинники, ольшаники,
Зыбь залива в золоте лучей.
Камни — ледниковые посланники,
Северный папирус камышей.

Воздух растворенного блаженства,
Саги волн и водоросли рун.
Выткан горизонт до совершенства
Чайками — узорами лагун.

1979
Ленинград

* * *

Оттрубили мои журавли,
Отпылали пунцовые маки.
Злобно воют из-под земли
Увяданья — цепные собаки.

Пригорюнился мой Петербург.
Дни скисают, как серое тесто.
Видно Господом проклято место
Евразийских свиданий-разлук.

В речь родную ввело сволочье
Слов, нерусского стиля и строя.
И поют непонятно о чем
Современники, что-то там строя.

Перемешаны гордые россы
В наслоеньях креста и звезды.
Я бегу, я сжигаю мосты,
Обнажая свои парадоксы.

И в распадах сегодняшних дней,
Во всеобщем российском недуге —
Провожаю моих журавлей,
Оттрубивших свое в Петербурге...

1980
Ленинград

ЗЕРКАЛО

Рвань выцветших обоев со следами
Побоищ с комарами и клопами.
В разводах грязных низкий потолок
От постоянных, в оттепель, протечек.
Поэта — захламленный уголок,
Стеченье обстоятельств и словечек

Сошедшихся, записанных, забытых.
От скорописи — неразборчив вид их —
Застенчивых, зачеркнутых, немых,
Но так определивших миг прозренья,
Что сам собой выравнивался стих,
Прекрасные явив стихотворенья...

В прокуренном квадрате — сжаты крики;
Из всех углов вопят о прошлом книги.
Лучи настольной лампы гонят сон,
Часы, бесстрастные событья чередуют.
Быт, в степень постоянства возведен,
Ночные тени об утраченном тоскуют.

А в зеркале мелькает то, что схоже
Со старым, одиноким лешим в роще.
Средь девственных березок и осин
Он бродит, подбирая слов свеченья.
И в обстоятельствах условий и причин,
Из года в год кочуют увлеченья

Работать с русским словом день и ночь,
Чтоб в ступе знаний — годы истолочь.
О, постоянство сумрачного быта,
Нависший потолок, обоев срам!..
Не вами зеркало над пропастью разбито:
Поэты — неподвластны временам!

1980
Ленинград

* * *

...и некогда писать, и некогда встречаться,
И времени в обрез. А в общем-то звони,
Звони, мой древний друг, ведь надо ж напиваться,
Хотя бы раз в году, за прожитые дни...

За прожитые дни, по-русски, троекратно
Обнимемся, нальем и залпом — до конца —
За память, за любовь, за все, что безвозвратно
Ушло в твои седины, в скорбь моего лица!..

1979
Ленинград

ВОКЗАЛ

Вокзал, несгораемый ящик
Разлук моих, встреч и разлук...

Борис Пастернак

Есть идеи насчет... А впрочем...
Чего уж там... Что вы сказали?..
Обрывками фраз на ходу обморочен,
Живу, как спешу на вокзале,
И в окнах мелькаю. Пиши, дорогая...
Прости!.. Симферопольский скорый!..
В ночи эти звуки, звездой догорая,
Тоской волокут коридорной...
Из Витебска!.. Слушай, ты шарф не забыла?
Метро далеко ли?.. Купите...
Кусок человечества, скользкий как мыло,
Пестрел привокзальным Таити.
Я слушаю вас... Обратите внимание...
Щелчком в микрофон — поцелуйчик.
Куда они едут, и с кем расставание?..
— Поберегись, голубчик!..

1979
Ленинград

* * *

Не понимаю: как это возможно —
Однообразно жить и осторожно?
Про черный день копить
Все светлые денечки,
И небеса коптить,
Не доходя до точки.

Не понимаю: как всю жизнь скитаться,
Как жизнь всю на месте оставаться?
Любить кого-то
Об ином мечтая.
Не знать полета,
Старясь и мельчая.

Не понимаю, хоть вобрал все это
В противоречья русского поэта —
Умом вселенским
На кресте воздетом,
Что даже не с кем
Говорить об этом...

1979
Ленинград

* * *

В глазах — автопортрете на ветру —
Я столько лет в безвременье горю
На перекрестках ежедневных бдений,
На перепадах нравственных вершин,
В переплетеньях стелющихся мнений,
В зажимах, зло закрученных, пружин.

И... понимаю, что годами, в пустоту,
Сквозь эго — иго прошлого веду
По перегрузкам скомканного быта,
По передрязгам призрачных докук,
В блуждающих понятьях индивида,
В недосягаемый, потусторонний звук.

И... в смутных ощущеньях антимира —
Роман с нейтрино, квантовая лира
В коллапс закрутит призрачных эпох,
Испепелив наш мир на переходах,
Чтоб новый элемент, как новый Бог,
Усугубил противоречья в антиподах.

Чтоб в глубине моих усталых глаз
Текли частицы завтрашних сейчас,
В перерожденьях вырванных пристрастий,
В преодоленьях страха на ветру,
Автопортретным сходством разновластий
Поняв пространств вселенскую игру.

1977
Ленинград

ЗИМНЯЯ ШУТКА

Поскрипывал, похрустывал, позвякивал снежок,
Зима вплетала в бороду — дымчатый цветок.
Инеем без имени, льдом под каблучком,
Время — белой киской тискало тайком.

Шли человечки вдавленные в сукна и меха,
В сущности-то скомканные хамства вороха.
Пар — крылатым чертиком возле чашки рта
Летал махая кончиком, и может быть хвоста.

Лиц сироп малиновый слился с солнцем враз,
Как тот снегирь на вешалке веток-метастаз.
Блюдцами-ладошками гремел мороз-божок...
Поскрипывал, похрустывал, позвякивал снежок!

1980
Ленинград

КУРОРТНЫЙ ПОЕЗД

Мчится мой поезд на Юг... За окном:
Вспышками — станции, мглой — перелески.
Древняя церковь осеняет крестом
Света и тени смещенные всплески.

Хочется спрыгнуть на полном ходу
И заплутать в неизвестных доселе
Далях, что мне приоткрыв красоту,
Накрепко, намертво в память осели.

Сочным наплывом цветного ковра
Марево русских полей промелькнуло.
Что за жестоких мистерий игра,
Мчаться в объятьях уюта и гула?

Я как бы надвое вмиг рассечен:
В поезде тело, а дух на просторе.
Оттараторил частушки — перрон,
И... из-за веера сосенок — море!

Черное море, как радостный вскрик
Белых лучей над лазоревым плесом.
Мчался я в поезде, но в тот же миг
Меж двух стихий пролетел альбатросом,

И очутился в сплошной темноте...
Поезд дышал тяжело и надсадно:
— Быть беде, быть беде, быть же беде,
О, как в туннеле мчаться отвратно!..

Надвое — чувства, стремленья, страна,
Надвое — жизнь, восторги, досуги.
Мчится мой поезд, но мысленно я,
И не на Севере, и не на Юге...

1980
Ленинград

DIXI ET ANIMAM LEVAVI

Бегущие падают чаще тех, кто ползает...

Плиний Младший

Обновленья хочу, обновленья!
Дух и плоть загнали в тупик —
Эти чертовы будни свершенья,
Этот раскрепощенный мужик.
Обновленья хочу, обновленья,
От невнятицы прошлых невзгод,
Где змеятся пути вовлеченья
Перемноженные на оплот...

Повторяется все, как и прежде: —
Возрожденье, паденье и тлен.
По крупицам, по крохам надежда
Покидает загадочный плен.
Из раскопок былых предсказаний
Переносится гибель богов
В саркофаги музейных молчаний
Наших призрачных городов...

Обновленья хочу, обновленья!
Дух и плоть иссеченной земли
Подтверждает мои подозренья,
Что совсем не туда мы брели.
Что конец человечества рядом
Под ногами, в пыли всех дорог.
И праща с реактивным снарядом —
Это тех же событий клубок.

Заплутала мысль в лабиринтах,
Где ползущие прошлых эпох —
Осторожный сделали выдох,
У бегущих заимствуя вздох.
И поля заросли сорняками,
Заровнял пепелище сугроб.
Уживается в душах веками
Нераспознанной злобы микроб...

Обновленья хочу, отрезвленья
От прогнивших условий систем —
Обступающего грехопаденья,
Где мыслитель по-прежнему нем.
На развалинах духа и плоти
Не познать до конца этот мир.
Все как есть, так и будет в природе:
Празднуй прошлое в нынешнем, пир!

1980
Ленинград

ДОЖДЬ

поэма

Вадиму Бытенскому

Надень свой старый дождевик
И кепи нахлобучь.
Пускай пронзает сзади крик,
Запри себя на ключ.
Уйди в бессонницы шагов,
Ненастием томим,
От этих, сшитых из кусков,
Цветастых пантомим.

Пускай закаплет, захлестнет,
Промочит до костей —
Вот этот дождик, что идет
Одиннадцать ночей.
Одиннадцать, как эта ночь,
Как маятник один,
Желая крыши истолочь
Обеих половин.

Да, что уж о дожде твердить,
Трезвонить теребя?
Когда раскрученная нить
Лишь обнажит тебя,
Тебя, мой маленький комок
Безжалостных идей.
Вонзай, как шпагу, ключ в замок,
В одиннадцать ночей.

И поверни, смелей! Что там
За звяканьем ключа —
Известно только лишь дождям,
Что по ночам стуча
Срывают мякоть одеял,
Хватаясь за перо...
Я долго о дожде молчал,
А начал вдруг про то,

Что от дождя бы дождевик
Недурно бы надеть.
Что сзади почему-то крик
Я должен запереть.
Что жизнь, как дождик по ночам
Смывает суету.
Помилуй, Боже, быть очам
Промокшим на свету!

Я узнаю вначале то,
Что узнанно уже.
— Не человек, а решето,
К тому ж мимо ушей
Он пропустил уроки дня,
Завернутого в дождь,
И не услышал как, звеня,
В замок вшуршала ложь.

— Каков повеса! Так во всем
Его мы обнажим.
Вначале словом обожжем,
А после убежим.
Вначале будем восхвалять,
В ладоши шумно бить,
Затем всю жизнь презирать
И молча хоронить.

Ему без нас — один износ,
Морока, скукота.
Мы его тепленький навоз,
Как нужная среда.
Его мы хвалим , но о чем
Опять тоскует он,
Когда гуляет под дождем,
Совсем забыв про сон?..

Уколы "дружеских речей"
Пронзают сгоряча —
Мои одиннадцать ночей,
Укором клокоча
В душе моей, в моей ночи,
Как маятник одной.
С чего начать? А жизнь: — Начни
С той капли дождевой,

Что первою упала в час,
Когда застигнут был
Ты, мимолетной вспышкой глаз
Каких-то мерзких рыл.
Когда в их пустоте пустот
Закручен в жуткий жгут,
В свече чадил никчемный год —
Санкт — петербургский шут.

Как он скудел, тяжелодум,
Недели вывозя!..
А в голове, весь этот шум,
Как сплетня за глаза.
И дополняя к боли — боль,
Нарочно или так —
Россией правил хитрый ноль,
Закормленный как хряк!

Виски сожми, слова припрячь,
Уйди в себя, не трожь!
Как в лихорадке, лоб горячь,
Жжет разум эта ложь.
Но точно милостью извне,
Одиннадцатый дождь
Вдруг хлопнул ливнем по спине,
И проворчал: — Ну, что ж,

Коли сумел прожить еще
До моего дождя,
То недвусмысленно дождем
Владей из-под плаща!

1965
Ленинград

НАВОДНЕНИЕ

поэма

Михаилу Шемякину

Порыв, еще порыв! И ужас
Волной на невский парапет —
Полез, решая чью-то участь,
И чьей-то злобой подогрет.
Каналы, грязные речушки,
Невнятица сквозных домов,
И львы — гранитные лягушки,
И кошки выгнутых мостов —

Смешались, сбились! Зашипела
По тротуарам Гидра... И...
Обрушила нагое тело
На чистоплотные райки.
Собор Казанский, растопырив
Два перепончатых крыла,
Взлетел над городом вампиров —
Болезненным ампиром зла.

Всплеснув руками — Боже правый! —
Поплыли Ростры напрямик,
Но берег левый, берег правый,
В их трубчатый узор проник.
Фигуры Зимнего с карнизов
Попадали — и вплавь к Столпу
Александрийскому, как крысы
Прогрызли пенную тропу.

И только Гением воспетый,
Мрачнея, Петр бронзовел,
Но за живое, злом задетый,
Над Петербургом прогремел:
— Вам выродки земли российской,
Вам эта злоба на века!
Пусть наводненья дикой чисткой
Прочистят мозги дурака.

— Я так хотел! Мое желанье,
Моя надсмешка над Невой,
Вам, азиаты, в наказанье
За свергнутый Монарха строй!
— Вам эти брызги, эта пена,
Вам этот ужас, эта мгла,
Вам — разлагаться постепенно
От города и до села!..

— Я так хотел! Моя столица,
Возмездья выполняя долг —
Вернет себе свое сторицею,
Как некогда — Преображенский полк.
— Порыв, еще порыв! И участь
Решая злобного дерьма,
В грядущее, как дикий ужас,
Вскочу отмщеньем ярым Я!..

Обволокли возмездья тучи
Слепой Исаакиевский собор,
Адмиралтейство, и липучий
К любым деньгам Гостиный Двор.
Носился дух Петра в эфире,
И ветер гнал потоки вод,
И разливались шире, шире —
Ручьи обводных нечистот.

И Смольный пал, дерьмом подмытый,
И, как затравленный зверек,
Дождем и ветром перевитый,
Издал последний свой душок.
А у Финляндского вокзала
Простор очищенный водой
Предстал, как будто не бывало
Там глыбы с лысой головой.

Цари шагали по столице,
Дух россиян взростал из мглы.
Надеждами сияли лица
Впервые, после кабалы...
Вода спадала... Петербургом
Именовался город вновь.
И шла молва по переулкам:
— Ведь это ж Господа любовь

Явила чудо возвращенья
Сквозь очищение водой.
Ликуй, больное поколенье,
Обманутое красной мглой!..
Порыв, еще порыв! И ярость
Ублюдочных времен бежит.
И лишь земных стихий усталость,
Дождем над городом висит.

Смывает дождь культодержавье,
Отечества столица шлет
Привет Петру, из мглы бесславья,
Что кануло в водоворот...
Ликуй, Свободная Россия —
Империя людских страстей!
Ведь это сделала стихия
Их — выживших из лагерей.

Их — вышвырнутых, недобитых,
Их — этих белых лебедей.
Их — красной пулею прошитых, —
России горестных детей.
За все убийства — наводненье,
За все лишенья — дикий вой.
Цари шагают, как прощенье,
По петербургской мостовой!

Порыв, еще порыв! И Слава
Сияньем Русского Орла —
Санкт-Петербургом величаво
Над всей Россиею взошла!

1967
Ленинград

АВСТРИЯ

ОБЛАКА

Плывут облака
Отдыхать после знойного дня...

Ли Бо

Облака — везде облака:
Как плывут они величаво!
Если вольностью дышит строка,
То ничем не удержит держава.

Гонят, гонят ветры свобод
Облака, без всяких стеснений.
Из России — третий исход
За один лишь век потрясений.

Облака плывут, облака —
Белопенные странники будней.
И качаются тени слегка,
И становится вдруг неуютней:

Оттого, что слева — река,
Оттого, что справа — карнизы.
Все плывут и плывут облака,
Из России плывут, без визы...

1980
Вена

* * *

Загляделся я на сосну,
И навечно ушел в глубину
Этих вечнозеленых крон,
Обнимающих небосклон...

1980
Вена

* * *

Деревья бликами прорежены,
И в тишине таят покой,
Но занят мыслями нездешними
Я под раскидистой сосной.

Слежу, как мельтешат созданья
Австрийских изумрудных гор.
Пронизан дрожью мирозданья
Мой внутренний, туманный взор.

Тропа все выше завивается,
И закипает кровь в висках.
В горах сознанье окрыляется,
Забыв на полмгновенья страх.

Ландшафтом живописным Вена
Раскинулась внизу... Судьба
Летит легко и незабвенно, —
Нездешним лебедем трубя.

1980
Вена

* * *

Здесь ощущаешь, выходя на круги —
Реальность сопричастности сквозной.
И о Незримом Граде Петербурге,
О родине в туманном переулке,
Вещаешь с европейскою тоской.

1980
Вена

* * *

Душный, долгий, венский вечер
Перепутал место встреч
Неоформившейся речью —
В подсознательную речь.

Прилипали к пальцам клочья
Перечеркнутого дня,
Где сплошные многоточья
И славянская струна —

Долго, томно, в такт аккорду
Отзывалась из строки.
Будто кто-то влил в реторту
Вместо спирта — часть реки.

Переполнен злой разлукой
Я смотрел на пыльный тюль.
Венской, долгой, липкой скукой
За июнем плыл июль.

Ни стоянка, ни дорога,
А унылый облик дня.
Вспоминались строчки Блока,
Ямбы, маски, старина...

1980
Вена

ТЕНИ

Лоснятся лица странных горожан
На привязи затейливой витрины.
Какие-то смазливые кретины
С кретинками влезают в штрассенбанн,
Трамвай по-нашему...
Но, что теперь от нас
Осталось в эмиграции расейской?
Ведь даже и в походке нашей резкой
Нерусский появляется соблазн
Стать европеестей,
Приблизиться к греху
Секс-фильмов и удачных операций,
Где отблеском советских махинаций
Лоснятся лица...
Ну, а больше ни ху-ху
Нам в общем-то и не перепадет.
А вечером,
В Париже или в Вене,
Мы ловим на асфальте наши тени,
И серая Нева в зрачках течет...

1980
Вена

НА СТАНЦИИ ДНО

Косая сажень и низкие бедра,
  Взгляд с прозеленью и раскос.
    Огромные плечи, и груди, как ведра,
      И жидкое сено волос.

    Тебя я такою запомнил, чудачка,
      Когда приходя по ночам
    Ложилась в какой-то бессмысленной спячке,
    Давая... всем... мужикам...

И лежала бревном, притупляя движенья,
  Никого, ни за что не любя.
    Свое тело подставив под униженья,
      И медведицей громко сопя.

    По утрам перепутав кого-то с кем-то,
      Сполоснув чем попало рот,
    Одевалась, как будто ни в чем не задета,
    И шла на родной завод.

Шутила с механиком, знала, что вскоре
  И этот захочет припасть.
    Материла начальство, но в разговоре
      Никогда не ругала власть...

    Тебя я запомнил такой, чудачка,
      Забитой, податливой всем.
    На станции Дно, где сарай, водокачка,
    Она ждет вас всегда в семь...

1980
Вена

ГЮРТЕЛЬ

На Гюртеле подслеповатом,
Где громыхает штадтбанн —
Торгуют своим ароматом
Проститутки из разных стран.
Бессловесные тени ночи,
Бесстрастное мясо жертв.
Глядят их шальные очи
Заманивая в гешефт —

Тела, заученной ласки,
Постели, холодной давно.
Русалочьи скользкие сказки
Утянут вас быстро на дно.
И кобели автотрассы
Притормозив свой взгляд,
Ложатся на их матрасы
И, как карбюратор, сопят.

А днем они домовиты,
Опрятность радует глаз.
Выглажены и помыты,
И формы не напоказ.
Любят цветы и собачек,
Обожают дешевый блеск.
Тратят, ночных подачек,
Сперматозоидный всплеск.

Уважают законность, кормят
Своих случайных детей.
Влажные шиллинги копят
До самых, до черных дней.
Так и проходят годы,
Блекнет румянец щек.
От бесшабашной работы
Приходит герр Гонококк.

Заводит их еще дальше,
Но как бы назло себе —
Они все пашут и пашут
В серой своей судьбе.
Молятся утром в кирхе,
А по ночам — опять
В подслеповатом блике
Ищут... кому бы дать?..

1980
Вена

* * *

Кричу им вдогонку: — Поэты!..
Да разве услышат они
Мои псалмы и заветы,
Когда удовлетворены
Поспешностью публикаций
На грани сплошных деградаций?

В подвальном чаду Языка,
Сквозящем во тьме зарубежий —
Нерусскостью брызжет строка,
Поэзия ходит невежей,
В оттенках блатных идиом.
И... явственно чувствуешь дом

Глухих сочинений расейства
На угольях нынешних лет...
Да разве же это наследство?
Да разве же это поэт,
Что пользует речь, как ярлык?
О, бедный мой — Русский Язык!

1980
Вена

* * *

Существ осенних крохотные крылья
Пронизывают низкий небосклон.
Суставчики мелькают, сухожилья,
Последний, предпрощальный хоровод.
Смотрю на серый маскарад пристрастий,
И проплывает в памяти, с тоской,
Такой же вечер сумрачных ненастий —
Осенний, ленинградский, островной.

У фонаря стояли мы близ сада,
Близ сада ботанических дерев.
Существ кружилась серая армада,
И речка Карповка чернела, ошалев.
Я поднял камешек и запустил со свистом,
Но ты сказала тихо: — Ни к чему...
Фонарь искрился горным аметистом
И подлетали существа к нему.

Такое до сознанья слишком долго
Доходит в отрешенности людской.
О, юность! О, девчонка-недотрога!
О, вечер ленинградский, островной!..
Существ осенних крохотные крылья,
Фонарь своим свеченьем расплавлял.
Нет, ту девчонку вовсе не любил я,
А камешек за камушком бросал...

1980
Вена

* * *

Что состоянье — прежнего ль вина,
Или сегодняшнего — жалкое подобье?
А времечко все так же исподлобья
Глядит с прищуром злобным на меня.

Я в омуты русалочьи, да в сказки,
Про белого бычка в краю родном...
Но этот мир — забыл уж о другом
На перепутье венской перетряски.

Не в состоянье поколенье, нет,
Предотвратить скольженье зла по глади.
Я — навсегда остался в Ленинграде,
"Свободой" задохнувшийся поэт...

1980
Вена

* * *

Соприкасаясь с миром новых правил,
Развязностью российскою руля,
Я все еще привычку не оставил
Глядеть сурком из темного угла.

Сегодняшний порок меня отметил,
К страстям неподцензурного швырнул.
Единомышленников я в дороге встретил,
Дружил в начале, после отпугнул.

Не обманулся, нет, в своих догадках,
Когда без них пустился на авось.
Распознавалась ложь в красивых складках,
Но оставалась неподвижна ось.

Полярных мнений вились вертикали,
Пересекались параллели под углом.
И все, что мне в России предсказали,
Все оказалось, в общем-то, враньем.

Еще гляжу сурком, но мир открыт,
И прежний опыт входит в новый опыт.
Мне много в этой жизни предстоит,
Поскольку я уже давно не робот!..

1980
Вена

* * *

Когда-нибудь иное поколенье
Дотошным сверхсознаньем нас пронзит.
И кто как жил в столь замкнутом мгновенье,
Кто с кем соприкасался в разлученье —
Поймет, переоценит и простит.

Мы будем с уцелевших фотографий
Глядеть и ничего не понимать.
Случайными словами эпитафий,
В противоречья наших биографий —
Иное поколенье не впускать.

Во мгле конца двадцатого столетья
Совсем заблудится потомок наш.
Волна поэтов — сумрачная, третья,
Такие выплеснула злобы междометья,
Что не понять: где ложь, где камуфляж?..

1980
Вена

КЛЮЧ

Городов — пропыленные
    летние, знойные травы,
Крики птиц городских,
    обезволенных пищей людской.
Жизнь домашних животных —
    для служб, насыщенья, забавы,
Социальной проблемы,
    вновь ненайденный ключ золотой.
Мы привыкли себе подчинять
    все, что радует взоры,
Все, что ласково жмется
    к домам нашим в жажде защит.
В эволюции — Высшие мы,
    но по сути лишь мелкие воры
Захватившие власть на земле
    у всего, что за нами следит.
Окружают нас камни, металлы,
    мегатонны природных энергий.
За квадрат плюс квадрат —
    мы готовы друг друга сожрать.
А у Фауны с Флорой,
    даже нет и в помине стратегий,
Чтоб от нашего Высшего Вида
    в обособленный мир свой удрать.
Покорив всю планету,
    мы расчистили путь для отравы
Отработанных наших побед,
    пред огромной, грядущей бедой.
Присмотритесь, как чахнут —
    городов пропыленные травы,
Как валяется где-то ненайденным,
    ключ золотой...

1981
Вена

СОБОР СВЯТОГО СТЕФАНА

1

Игрой осенних облаков
Озвучен небосвод.
Собор, из глубины веков,
В грядущее зовет.
По струнам воздуха водя
Готическим смычком,
Осенней музыкой дождя
Встречает Штефанс Доом.
Вхожу, и витражами стен
В событья вовлечен.
Все в этом мире пыль и тлен,
Все тяжкий полусон.
Самоизгнанье есть война,
Увы, с самим собой.
Где, Господи, моя страна?
Где купол золотой?..
Душа стремится к алтарю,
Слова сплелись в мольбу.
Зачем свеча и дождь игру
Затеяли в судьбу?..
Зачем на Запад уповал
Я столько долгих лет?..
Орган соборный зазвучал
И всколыхнулся свет
На витражах и на резьбе,
В свечах, в дожде, в глазах.
Менялось прошлое в судьбе,
Рассеивался страх...

2

— Увидеть и запомнить на века!..
Собор Святого Стефана пронзает
Плывущие над Веной облака.
Вхожу под своды и меня встречает
Высокой готики архитектурный луч.
Он в темной памяти событья освещает,
Расплавив красный гербовый сургуч.
На перекрестке швабства и славянства
Давно потерян к чистой крови ключ.
Терновник нот на партитуре Брамса
Цветет отчаянно, но цепкий югенд-штиль
Вплетает в свастику дубовое упрямство.
В луче архитектурной мысли — пыль
Вращается... Несутся вдаль виденья,
Насвистывает Баха древний шпиль...
Двенадцатый уж век идут сраженья,
Но презирая дьявольский расчет,
Звучат, во Славу Отче, песнопенья!
Собор Святого Стефана — плывет
Веков прошедших рассекая облака.
И голос вечности восторженно зовет:
— Увидеть и запомнить на века!..

1980
Вена

* * *

Вновь я меняю местами
Положения ныне и в прошлом.
Сколько еще подошвам
Утоньшаться смещенными днями?
Пристрастья потешные множа,
Память тревожа...

Все накалякали слухи,
Предположенья, незнанья.
Рушится зыбкое зданье,
Елозят навозные мухи
По венской странице смещений —
Памяти поражений...

Мужество жаждет дела
На поводу увлечений.
В перемене мест разночтений
Плетется смещенная смело,
Петербургская кляча увечий —
Памятью противоречий...

1981
Вена

ПОД СЕНЬЮ ВЕНСКИХ ТОПОЛЕЙ...

...и вот уже иная мысль
Ворвалась, нынешним пыля,
А жизнь, похожая на жизнь,
Выписывает кренделя...
Сижу, и начерно рифмую
Под сенью венских тополей —
Невероятную, земную
Судьбу поэзии моей.

Все тайны поверяя Музе,
Живу всю жизнь на ветру.
Не ко двору я был в Союзе,
На Западе не ко двору.
Мимо меня прошли ГУЛАГи,
Тюремная не жрала вошь...
О, как я ненавидел флаги,
В которых затаилась ложь.

Я не пытался быть партийцем,
Но утверждая путь иной —
Всегда являлся очевидцем
Агонии страны родной...
...и вот уже иная мысль
Ворвалась, нынешним пыля,
Чтоб жизнь, похожая на жизнь,
Шагала б дальше, без меня.

1981
Вена

* * *

Сны с четверга на пятницу сбываются: —
А снилось мне — брожу по городам,
И старые знакомые встречаются,
То в Вене здесь, то в Петербурге там...

1981
Вена

* * *

...а в ночь пред Рождеством завьюжило,
Пути-дорожки замело.
Январь плетет льняное кружево —
Легко, игриво и светло.

А на душе печаль разлуки
С моей заснеженной страной.
Полжизни там я прожил в муке,
Под злобный шепоток: — Чужой!..

Чужой!.. А так хотелось вместе!
Чужой!.. Но так познал язык,
Что как чужой к своей невесте
И впрямь неузнанным приник...

Россия!!! Сколько нас — изгоев
Вне территории твоей,
Сень милой родины припомнив,
Живут с придавленной тоской...

Январь плетет льняное кружево,
Разрисовал мороз стекло.
Пред Рождеством и здесь завьюжило,
Дорожки к дому замело...

1981
Вена

* * *

Я столько слов связал,
        чтоб мысль в них вдохнуть,
Что кажется вполне исчерпан путь
В пределах языка одной державы,
На перепутьях разговорных встреч.
Но все ж, необозримы слов составы,
В оттенках говоров —
        сочней Родная Речь!

1981
Вена

* * *

...и тучи, и ветер, и стон,
И мокрая курица — Вена.
Все заткано в холст гобелена:
Дворцов черепичная пена,
Имперская выправка крон.

...и лужи, и гром, и зонты,
И храп лошадей у Штадтпарка.
Смешались в потоках воды
Отражения желтой звезды
И тени когтистого знака.

...и Вены рассеянный взгляд
За мною следит равнодушно.
О Боже! Как все это скучно,
Игрушечно, замкнуто, душно!..
И я — ничему уж не рад.

...и врозь, навсегда, до конца
Нам жить на осенней планете.
Так не отводи же лица,
Ведь и ты не смогла мудреца
Уберечь от беды в полусвете.

О Вена!.. Отнюдь не тебе
Меня врачевать от недуга.
Утрачен в неравной борьбе
Девиз на старинном гербе,
И нет моего Петербурга!..

1981
Вена

ВТОРАЯ РАЗЛУКА

Вперед, вперед мой бедный конь,
Исполни свой завет, —
Сквозь холод вьюги, сквозь огонь...
Назад дороги нет!

Юргис Балтрушайтис

...и вновь нервозность пред разлукой
Второй по счету, и... дожди.
А я пыхчу английской трубкой
Почти ощипанный, почти
В котле глухих несоответствий,
На перекрестке венских бедствий.

Но что теперь-то горевать,
Коль сделан шаг неосторожный?
Все надо снова начинать
И заполнять пустопорожний
Вагон судьбы — иной судьбой
На станции очередной...

Вот так изо дня в день пыхтя
Приходишь к самоутешенью.
Чего-то все творишь, хотя,
Весь в общем в прошлом, к сожаленью,
На запасном стоишь пути
Не зная, что там — впереди?..

А впрочем, все еще не так
И плохо, если цель благая
Сторонится материальных благ,
Свою духовность возлагая
Надеждами в самообман —
В среде лишь бывших россиян.

Надежды! О, как вы сияли,
Как звали сделать этот шаг!
Какие письма мне писали,
И как я верил им, дурак!..
Пока не убедился сам, —
Что так и надо дуракам.

Кому нужны тут эти строки?
Куда ты снова мчишь, вагон?..
Глухие самодиалоги,
Глухих самопознаний стон.
Бег от себя и вновь к себе —
В самобичующей судьбе...

1981
Вена

* * *

...и серых бабочек статейки,
В журнал затейливой семейки
Летят, испепеляя звук.
Натуралист, давно слежу я,
Как преломляются, враждуя,
Хлеба отеческих разлук.

Червь разгибает серый членик,
В лимонной жиже шизофреник
Свое ублюдство материт.
Номенклатурно строят хатку
Бобры, привыкшие к порядку,
А мир — не тлеет, не горит.

Казалось бы, давно проверена
История дотаций Ленина —
Немецкой курицей деньжат.
Но древоточцы разногласий
Подтачивают сук пристрастий,
Сук, на котором-то сидят.

А если проще, по-крестьянски
Смотреть, как всходят без закваски
Хлеба российские, дрожа:
Увидишь жалкие потуги,
И пчелки серые разлуки
Летят не жаля, не жужжа...

1981
Вена

* * *

Все едино, ведь мир неизменен
В обстоятельствах Зла и Добра.
Человек, кем бы ни был он — смертен:
В медных судьбах — нет серебра.
Оттого и в речах наших — вата,
Оттого и в культуре — пробел.
Что такое идея Сократа,
Если Сартр давно устарел?..

Мы стремимся к свободе, в пустыню
Наших полусомнительных ген.
В проститутке видим — Богиню,
А в мыслителе видим — тлен.
Человек человеку — преграда
В тесноте эмигрантских основ.
Я ушел из России когда-то,
Но куда мне уйти от стихов?..

1981
Вена

ПРОЗРЕНИЕ

Чтобы согреть Россию,
они готовы сжечь ее.

В. О. Ключевский

Вновь история повторяется
Распыляя Третий Исход,
Но особенно не выделяется
В эмиграции мой народ.
Происходит смена курения,
Неизменен лишь фимиам.
И опять я на грани презрения
Прикасаюсь к их именам.

Ведь когда-то ж они в Советах
Членством чванились, и при том,
Находясь при партийных билетах,
Над поэтом творили погром.
Отвергали любое слово
Молодых и задиристых строк.
Я еще не забыл былого,
Достопамятен мне урок.

Не хочу говорить о таланте,
Не хочу называть имена.
Блядословит Россию братия,
Сеет злобные семена.
И какого рожна им было
Перекрашиваться тайком,
Если творчество было, да сплыло
В беготне за лучшим пайком?..

На краю своего бессилья,
Объевреевшись, сквозь ОВИР —
Литераторская фамилья
Просочилась в свободный мир.
Распохабленно и надменно,
Очерняя землю отцов,
Превращается постепенно
В беспринципнейших крикунов.

Тем же методом, тем же словом,
Но с какой-то желчной мечтой
Говорят о Походе Крестовом
За... подачки земли чужой.
Дай им волю, в одно мгновенье,
Не согреют Русь, а сожгут.
Рассекает душу прозренье —
Эмигрантства соленый кнут.

1981
Вена

ТРИНАДЦАТЬ

поэма

Столетней памяти А.А. Блока

1

По Петрограду семнадцатого,
От костра к костру —
Двенадцать бандитов грозятся
Ввести в шальную игру,
Тринадцатого бандита,
Вылезшего из-под
Оцинкованного корыта.
Вот — дьявольский счет!..
Тринадцать бандитов шастают
В петербургской пурге,
Красной нашивкой хвастают,
Червонцами в сапоге.
— Коли не товарищ,
                    в сторону,
Башку расшибем!
Тяперича все поровну,
Айда
      в дом,
            в дым,
                  в дно,
Надвое — рубай сплеча!
Жизнь наша прошлая,
                    смрадная —
Нонеча за Ильича!..

2

...а в омутах блатного перегара,
Гитара мою душу теребит.
От мирового, Господи, пожара,
Россия от России голосит:
О подвиге слепом и бестолковом —
Есениным, Бальмо́нтом, Гумилевым...

Я — гегемон, я — вышел из подвала,
Железный Феля — дал мне револьвер.
От офицера Манька убежала,
Тяперь у ей я — красный кавалер.
Ну ты, чубастый, шпарь-ка на гитаре!
Ох, от конья́ку чтой-то я в угаре...

3

Синий снег Петрограда,
Серебро куполов.
За паденье — награда, —
Хоронить без крестов.
Серым ковриком Невский
Осовечен давно.
Окаянный и резкий
Дует ветер в окно.

Смольный высвечен рьяно,
От нашивок тошнит.
Вероломно и пьяно
Чернь Россию крушит.

Задуши индивидов,
Уничтожь красоту!..
Вот тринадцать бандитов
На чугунном мосту
Повстречали поэта,
Угостили словцом.
Александр! И за это
Ты их славил потом?

Александр! Почему же
Средь врагов и ворон,
Увлекаемый стужей
Ты шагал под уклон
По камням Петрограда,
По окалине слов?..
За паденье — награда, —
Хоронить без крестов.

4

— Морфия, морфия!.. Задыхается!.. —
Луначарскому — Горький звонит.
К революции Блок приближается,
Боевую поэму творит!..

— Анатолий Васильевич, друже,
Ты уж там кому надо скажи:
Блок теперь уже наш,
И к тому же,
К белой контре не убежит...

Что за чудо — перерождения?
Жил поэт, Незнакомкой пленен,
Но за ампулу полумгновения,
Обезволенный — взят в полон

Упырями, злыднями, татями,
Разных мастей, членств, рас.
Чечевичной похлебкой с оладьями,
В стадный всплеск масс...

5

Ни подвигов, ни доблести, ни славы!..
Замызганная комната, рояль.
Слова, как ртуть, выкатывал февраль,
Кострами освещая все канавы.
Каналы Петербурга-Петрограда,
Свинцовым запорошены снежком.
О чем ты думал, Александр, пред концом,
Когда так близко шастала расплата?..
Тринадцать полуграмотных бандитов
Крутили смрадных дней веретено.
Ведь ты же знал, что все им — все равно,
Однако продолжал свой бег пиитов.
Бег в Никуда, в Беспамятство, в Ничто,
В невероятный стимул сочиненья.
Нет, не поймет тебя больное поколенье,
Глядящее на мир сквозь решето...
Да, Александр!.. Бег — неповторим,
Смысл творческих исканий — неисчерпан.
Когда поэт своей Отчизне предан,
Отчизна — надругается над ним...
Забудутся мгновенья на бегу,
Поскребыши перекроят событья,
Но никогда обиды позабыть я —
Тринадцати бандитов не смогу.
Блок — полностью принадлежит России,
"Двенадцать" — разумеется не в счет.
Века рассеют красное бессилье:
Иисус Христос нас к подвигу зовет!

1980
Вена

БЕСЕДА

поэма

Я как бы созерцаю в шаре — шар,
Когда по-русски думать продолжаю.
Ко мне заходит Редкий Экземпляр:
Таких, я вам признаюсь, обожаю.
Он бывший россиянин, как и я,
Покинувший родимые края

Из любопытства авантюрных встреч
В пересеченьях стран и океанов.
Звучит неосовеченная речь
Без вульгаризмов и без барабанов.
И пробивается сквозь нынешнюю хмарь
Утраченный на родине словарь.

— Ну-с, милостивый государь, так что же
Причиной послужило в том, что вы
Сменили Петербург на бездорожье?
Державное движение Невы —
На венские излучины Дуная,
Суровый Запад не воспринимая?..

— Чья сила разогнала в шаре — шар?
Но только, я прошу вас, не ссылайтесь
На стадность. Вы ведь тоже, Экземпляр,
А посему все толком постарайтесь
Мне объяснить, чтобы я смог понять,
Как это можно родину сменять?..

— Что мне сказать ему, когда прожив
Какой-то миг ничтожный вне России,
Я — пораженья ощутил надрыв
И убедился в собственном бессилье.
— Да, сударь!.. (Это я ему уж вслух),
Был отчий край ко мне довольно глух.

97

— Меня, как сочинителя, увы,
В родных пенатах не воспринимали.
Затравленно, у берегов Невы,
Мои года впустую убывали.
На Запад я надеялся, но здесь —
Все тех же графоманствующих спесь.

— Причину вы хотите, сударь, знать?
Так вот она — глухое безразличье.
По-русски не желает продолжать
Жить это поколенье... Безъязычье
Которого, сейчас страшнее смерти,
Уж вы мне, сударь, на слово поверьте.

— Персоною нон грата приглашаю
Вас в исторический, сплошной самообман.
Здесь я по-русски думать продолжаю,
Здесь я на перекрестках разных стран
Пью водку с лишними людьми России,
Беседуя на темы областные...

Русь Зарубежная!.. Пожалуй этот фарс
Всей фантастичностью своей закономерен.
Признайтесь, ведь когда-то же и вас
Покинуть Петроград заставил Ленин?
А ныне, сударь, так же как и ране
Нас в третий раз изгнали советяне...

— Позвольте, милостивый государь! Мы сами
С оружием в руках, в борьбе за Русь
Сражались на фронтах с большевиками.
Я вам под образами поклянусь,
Хоть отступали мы, но не теряли честь.
И в пораженье — возрожденье есть!..

Нас приютили люди разных стран
Свободных от кровавых вандалистов.
Мы сберегли свой "Лебединый стан"
От порчи европейских коммунистов.
С тех давних пор и борется за Русь —
Народно-Трудовой Союз.

Посев надежды — творчества посев!..
Вы — новые изгнанники, однако,
Все прошлое в себе преодолев
Должны считать изгнание за благо.
По-русски надо мыслить за границей,
И белым воинам, и жертвам психбольницы.

В единстве цели за Святую Русь
Мы боремся с когортой злого беса.
Вступайте в НТС, ведь наш Союз —
Союз Солидаризма и Прогресса.
Когда в России голод и кошмар,
Преступно созерцать лишь в шаре — шар.

— Вы правы, сударь. В стане вурдалаков
Избрали мы давно свои пути.
Ведь выбор средств отнюдь не одинаков,
Коль надлежит в единстве нам идти.
Вы раньше, мы теперь, но мы в изгнанье,
А родина, увы, на расстоянье...

Ей недоступен ваш благой порыв
Единства цели и солидаризма.
Она воспринимает, как наив
Программную доктрину утопизма.
А НТС в сегодняшней России
Лишь пожинает урожай бессилья.

Ведь то, что нету веры ни во что,
Известно даже и кремлевским бесам.
По-видимому, что-то тут не то,
Поскольку все лишь пьяным интересам
Подверженно в поверженной стране,
Где истина — лишь в водке и вине...

— Да, милостивый государь, зело
Погрязли православные в кошмаре.
В одном несчастье, город и село —
Шар наважденья в сатанинском шаре
Вращает жутким смрадом кумача,
Вживляя метастазы Ильича

В живое тело истинной Руси!..
Вот почему подверженно безверью
Народонаселение, в связи
С сомнительной идеей лицемерья
Правителей кремлевских, что в стране,
Бразды правленья дали... Сатане.

А он и рад безропотному дару,
И сокрушая души христиан
Подкатывает нашу Русь к кошмару,
Еще и прихватив соседних стран
Притертое народонаселенье,
Чтоб всю планету сжечь в одно мгновенье!..

— И это мы слыхали, сударь, там
В России замороженных пристрастий.
Вы — Уникальный Экземпляр, но вам,
Не по плечу мираж единовластий.
Ведь то, что вы сейчас мне изрекли,
Является трагедией земли,

Которая для нас — уже не наша
В иллюзиях беспочвенных идей.
Попробуйте мне возразить, папаша,
Когда осталась Русь без козырей
В космическом своем африканизме,
На кончике большой кремлевской клизмы?

И если все, что вы тут наплели
Является основой для сверженья,
Так значит верно гибель предрекли
Ушедшие России поколенья.
Ибо, когда безмолвствует судьба —
Пространство заполняет голытьба.

А эти уж со дна — низы, отребье,
Дорвавшись до судьбы Святой Руси,
Былое уничтожив велелепье —
В марксизмах-ленинизмах колбасит.
В единовластье, властью обожравшись,
Погрязло в демагогии, куражась!..

Да, сударь, мне понятен ваш порыв,
Но не поймут его сейчас в России.
А посему, беседу закруглив,
Скажу в итоге: ныне мы в бессилье!
Устраивает их такая власть,
Где можно пить, бездельничать и красть.

Мы без России, в общем-то, нули,
Хотя и познаем вершины Духа.
Они от нас, и мы от них — вдали;
Свободомыслие давным-давно протухло,
Вот почему, предвидя сей кошмар,
Я только созерцаю в шаре — шар.

1981
Вена

США

* * *

Ничего уже не будет,
Все ушло за Рубикон.
Только слово память будит
И стихи берут в полон.

В ограниченном пространстве,
От соблазнов в стороне,
Я пою о... россиянстве,
Что как месть досталось мне.

1981
Филадельфия

* * *

Жить с постоянной болью в сердце,
И чувствуя вселенский сбой,
Опять, как в том далеком детстве,
Скулить прострелённой душой.

Жить в постоянной мгле эстетик,
И замки строя на песке,
Вытаскивать не тот билетик,
Любить совсем не тех в тоске.

Всю жизнь играя в невезучесть
Жить с постоянством бунтаря.
Крушить вокруг себя ползучесть,
В лоб правду-матку говоря.

Судьба ползет то вспять, то криво
Овальный мир пронзив углом.
А я живу, как в центре взрыва,
С душой, прострелённой врагом.

1983
Филадельфия

СТРОКИ ПАДШЕГО АНГЕЛА

Всюду, всюду мой горний Питер!
Не мечу перед свиньями бисер,
В медной ступе беду не толку.
По неделям лежу на кушетке,
Но, однако, пальцы с гашетки
Не спускаю, всегда начеку.

Я не верю в шальную победу!
Вражьи тени за мною по следу
Хитророжим плетутся зверьем.
Мне в Америке, как в Атлантиде
Подают отбросы в корыте,
Заставляя якшаться с дерьмом.

Оттого и ору я в округе:
— Захлестнет вас волною, подлюги!
Ни хрена не найдут после вас!
Это будет Божья расплата
За вонючий стишок супостата,
За просаленный ваш матрас.

Вот причалила сбоку паскуда,
Вот с другого бока зануда
Все трендит про свои дела.
Муравьиная кучка пришельцев,
Покорив эту землю индейцев,
Вырожденье с собой принесла.

Но, когда два больших океана,
Континент сплошного обмана
Навсегда, навсегда поглотят,
Эти строки борьбы и бессилья
К обновленной Богом России —
Падшим Ангелом долетят!..

1984
Филадельфия

* * *

На клавишах печаль лежала
Неперевернутых страниц.
Строка до края добежала
И оборвалась, захлебнувшись
Похлебкой посторонних лиц.

А ветер листья теребил
Отягощенностью признанья.
Я вновь кого-то оскорбил
Отпущенной мне Богом щедростью —
Быть эпиком самоизгнанья.

За рядом ряд, напропалую,
Напыщенно и напоказ —
Базарят лирики впустую.
Их зазывалы из придурков,
Отчаянно колотят в таз.

На клавишах печаль лежит,
Но, космос приближая шум —
Строкой сквозь время прогремит.
Многоголосьем труб органных
Пронизывая сгустки дум!..

1984
Филадельфия

ЧИТАЯ СТИХИ ИГОРЯ ЧИННОВА

Вчитаться в Чиннова, в чеканный русский лад,
   В чарующий эгоцентризм мышлений.
Червонцы строк — златым огнем горят
   Для будущих пытливых поколений.

Вчитаться в Чиннова, в созвучья, в падежи,
   В изящную игру, где сам не промах.
Пить строк настой духмяной черемши
   Под облаками ладожских черемух.

Чудь белоглазая и русский человек
   Переплелись как рожь и чечевица.
Читаю Чиннова, чудит двадцатый век,
   Кукует в средней полосе зегзица...

1984
Филадельфия

* * *

Пустота на грани катастрофы
Доблестно хоронит пустоту.
В Никуда летят, сгорая, строфы,
И слова теряют высоту.

Мир биологических цветений
Превратила химия в ничто.
Пустота чудовищных везений
Захлебнулась собственной мечтой.

Захолустья заспанное царство
Зов услышав умершей звезды —
Ломится в открытое пространство,
В скорлупе ракетное пустоты.

И... сгорает, как пустые строфы —
В черной бессловесной пустоте.
Будущее — пострашней Голгофы,
Если перст над нынешним воздет.

1986
Филадельфия

ТЯГОТЕНИЕ

Расплющенные души пилигримов
Межзвездная притянет пустота.
Пространственная зга необозрима,
Пасет коллапс планетные стада.
Вращаются сгоревшие частицы,
Распавшихся иллюзий стынет кровь.
— Да, братцы, да!.. Мы наломали дров!
— Кто нас поймет?
— Что нам во мгле проститься?..

В то утро я на крошечной Земле
Готовился к отчаянному взлету.
Враги — друзьями теплились в золе,
Ни в чем не уступая ни на йоту;
Но ощущая тяжесть компиляций,
Я и тогда брезгливость не скрывал.
Судьба одних — замызганный подвал
Судьба других —
Сверхмощность гравитаций.

Плывут промерзшие, знакомые слова,
Но суть их непонятна и тлетворна.
Сгоревшими кометами — листва,
А иглы сосен корабельных непокорно
Ракетами, сквозь перемены вех,
Летят в межзвездной пустоте столетья.
И освещая путь другим, сгореть я
Не собираюсь
На виду у всех!..

1984
Филадельфия

АБСУРД

Классифицирую паскудные поступки
И систематизирую грехи.
Ствол испещрили непечатные зарубки
Мужичек и мужланов от сохи.

Коллекцию дополнили — раздоры,
Непониманье, взорность и апломб.
Подобострастно вгрызлась в разговоры
Среда ничтожеств самых высших проб.

На переплете расписался хлыщ
Трухой распетушившихся микробов.
Ощерились две рощи топорищ
Кровавой зеленью немых гелиотропов.

Бухгалтерским учетом суеты
Абсурд напяливал на фигу финик.
Баскетболист коломенской версты
Закидывал в гортань болота спиннинг.

Ушли года в сплошной эксперимент,
Где будничным грехом жила казарма.
Где, систематизируя момент,
Сама собой классифицировалась карма.

1984
Филадельфия

ДОБРОХОТЫ

Доброхоты последнюю новость сболтнут
    И ничем не удержишь слухи.
До сих пор мое имя на плаху ведут —
    Проходимцы и потаскухи...
До сих пор из прогнивших ращелин времен,
    Точно гной вытекают сплетни,
И такой в разных странах стоит раздолбон,
    Что как будто бы день предпоследний.
За какие-то в юности серые дни
    Я расплачиваюсь в изгнанье.
Доброхоты — всегда остаются в тени,
    Бунтарям — всегда испытанье.
Злобен в прошлой никчемности скрюченых лет
    Этот замкнутый, тусклый мирок.
То в газетный бреду перепаханный бред,
    То в журнальный унылый порок.
Что не сделаю, все в тот же миг извратит
    Доброхотов бесцветное стадо.
Ведь у них за Россию душа не болит,
    Лишь бы шла крутая зарплата.
Принимают любыми деньгами за муть
    Отсеченных от Родины слов.
В спертом воздухе выродков не продохнуть,
    Рыла, рыла глядят из углов.
Недобитки, подонки, обрубки, труха —
    В городские въелись трущобы.
Вне истории — дважды страшна чепуха,
    И тупей во сто крат — остолопы.
Доброхотством убогим свершив самосуд,
    Вновь в дерьме копошатся мухи.
До сих пор мое имя на плаху ведут —
    Проходимцы и потаскухи...

1984
Филадельфия

ИНОПЛАНЕТЯНИН

Неудачный слепок Вселенной
Затерялся в крови поколений.
Я дрожу на ветру антенной,
И в межзвездной реке забвений
Все бреду из домысла в драму
Диковатых поступков землян.
Славлю в космосе символов — раму,
Языком россиян...

Оказавшись таким невезучим,
Внеземным ощущаю сознаньем
Этот мир, что явился худшим
Галактическим наказаньем,
В растворенном, инопланетном
Существе средь земных стихий.
До сих пор я кочую в запретном,
Перемноженный на стихи...

Зовы Звезд в ночах одиноких
Возвращают к началу начал.
Там я долго в пространствах далеких
О земном тяготенье мечтал.
Заполняли экраны виденья,
Двух галактик сближая пути.
Странный опыт кровосмешенья
Призывая произвести...

Был случайным выбор посадки
(О, прекрасной дикарки лик!),
И не зная земные повадки,
Я земное страданье постиг.
Растворился, другим в назиданье,
В дикой крови Древней Руси.
Затянулось мое скитанье,
Позабылись азы...

Неудачный слепок Вселенной:
До сих пор я живу ничей,
В повседневно-обыкновенной
Оболочке земных людей.
Но они, не чуя пришельца,
И пороки свои неизжив,
Предо мной не раскрыли сердца
И отвергли порыв...

Я пытался их возвеличить,
Я старался улучшить их.
Ритуалы убийств ограничить
И ввести космический стих.
На ветру, подневольной антенной
Я дрожу в новорусской мгле.
Неудачный слепок Вселенной —
Затерявшийся на Земле...

1984
Филадельфия

* * *

Что там творят кремлевские балбесы,
Поди, узнай сквозь толщу щедрой лжи?
Но... чувствую я скрытые процессы,
Грядущих поколений... мятежи.

На расстоянье разобщенной жизни,
В квадратах ежедневных дум и дел —
Тревожит гул сегодняшней отчизны,
Ее победа, призрачность, пробел.

1984
Филадельфия

ОБРАТНЫЙ БЕГ

Памяти "реабилитации"
Николая Степановича Гумилева

В который раз порвется связь времен
И совершит над гением злодейство —
Безмозглого красногвардейства
В небытие ушедший эшелон?..

В который раз кривой двадцатый век
Заблудится в диктаторстве пространства?
Сегодняшней России богдыханство —
Увековечит свой обратный бег.

Где корни слов, их выкрики, проклятья,
В каких застенках бастионов трубецких —
Распался Гумилева ясный стих
Задолго да анафемы изъятья?..

Вишневый сад нераспустившихся цветов
Сгорел, и пепел на ветру развеян.
Когда Орел безвременьем расстрелян, —
Большевики хоронят без крестов...

В который раз замедленные кадры
Дают возможность пристальней взглянуть
На этот прерванный и возвращенный путь,
На этот тусклый отблеск полуправды...

1986
Филадельфия

КАЛЕЙДОСКОП

Своеобразный мазохизм, здесь, на чужбине,
Осколки родины дотошно собирать.
В почтовой марке, в книге и картине —
Разгадку происшедшего искать.

Своеобразный мазохизм — бить баклуши,
И удовольствие в раздумьях находить,
Писать стихи и никого не слушать,
Как жил когда-то, так и ныне жить.

Своеобразный мазохизм, серый мир
Рассматривать сквозь пленку светофильтра.
Ах, доктор-время, где же ваш клистир —
Двуполых обществ яркая палитра?..

Я точно временно поверенный в дела,
Неподготовленного к переменам быта,
Гляжу из капсулы медвежьего угла
На свет сгоревшего во мгле метеорита.

В калейдоскоп редчайших земских марок,
Безумных книг, непонятых картин —
Вставляет родина свой слюдяной фонарик
И долго держит в пустоте чужбин.

1984
Филадельфия

* * *

Стихи и марки, марки и стихи —
Сквозь пустоту однообразных будней.
Процеживаю прошлые грехи,
Просматриваю нынешние плутни.

Вытаскиваю суть забытых слов,
Выискиваю казус опечаток.
Стихи и марки с разных берегов
Сливаются в один большой порядок.

И наигрывшись вдоволь, пустоту
Однообразных будней ощущаю.
Сквозь марки вижу близкую беду,
Безмерное в стихах овеществляю...

1985
Филадельфия

* * *

Старых фильмов туманится даль
Простыней черно-белых мельканий.
Завлекает в сплошную печаль
Чарличаплинский гений кривляний.

Чьих-то судеб пронесся наив
И остался в годах предвоенных,
Европейскую спесь превратив
В горизонты военнопленных.

Распотешенный призрак войны
Лег на плечи реальной обузой.
Сшили Западу вновь болтуны
Распашонку стокгольмских иллюзий.

И опять, и опять, и опять —
Чарличаплинский гений кривляний,
Будет судьбы людей полоскать
Простыней черно-белых мельканий.

1986
Филадельфия

К НИЖИНСКОМУ...

Все вновь нехорошо,
    искусственно и скверно, —
Совсем не те звонят,
    и письма не от тех.
Приелось в новизне
    жить с подвигом раздельно,
Петрушкой напоказ —
    на площадях утех...

1986
Филадельфия

* * *

Война проигранна, берут свое года,
В тылу врага чадит свеча над прахом.
А начиналось все с таким размахом,
Что не вступая в битвы, города
Несли ключи на пурпуре подушек
При виде жерл многоголосых пушек.

Война проигранна, и мемуаров ложь
Ползет в умы свидетелей сражений.
В бомбоубежищах унылых поражений
Толчется стадо отупевших рож.
Былая доблесть оптом продается,
А дезертирство подвигом зовется.

Гораздо, после драки помахать,
Черт знает чем лихое интенданство.
Приперлось заскорузлое крестьянство,
И даже негде яблоку упасть.
Окопные, откормленные вши
Вползают нагло в континенты лжи.

Война проигранна, уныло поле брани
Травой сплошных сомнений поросло.
Куда же, Господи, меня-то занесло?
Повсюду — призраки Тмуторокани,
В пещерах комфортабельных врага
Дожевывают крошки пирога...

1985
Филадельфия

* * *

Над цветником, над зеленью травы —
Ленивые шмели, стремительные осы,
И Русской Эмиграции, увы,
Неразрешимые вопросы...

Подстриженных кустов воздушные шары
Как бы наклеены на выцветшие стены.
В газетном шорохе рекламной мишуры —
Любимых слов увядшие камены...

И в предгрозовье новых мятежей,
Самоизгнанье ощутимее, чем прежде —
Делячеством активных мурашей
Вальяжно утверждается в надежде...

1985
Филадельфия

ЛИТЕРАТУРА

Несу литературу как гроб мой,
несу литературу как печаль мою,
несу литературу как отвращение мое.

В. В. Розанов

За давнишнее зло,
    я сполна оплатил вам добром,
    из огня, для других,
    постоянно таская каштаны.
Почему ж до сих пор
    старорусская злоба, кнутом,
    здесь в ином измеренье,
    стеганула лжецом голоштанным?..
В те — зеленые годы —
    я с открытым забралом стоял
    среди битв и бахвальств,
    замурованных в спесь лоботрясов.
И... писал...
    лучезарней и лучше писал
    "гениальных" кастратов,
    погрязших в дерьме выкрутасов.
Козлоногий, зловонный
    явился оболтус из тьмы,
    о своем хлопоча,
    в историзм подливает помои.
Все расчитано лихо
    на злокачественные умы,
    на болезненный храп,
    пребывающих в вечном запое.

Но моя дальнозоркость
    различает и в злобе — добро,
потому что Всевышним
    мне щедро отпущено СЛОВО.
Нет, не золото ярко блестит,
    и подавно уж не серебро,
    а лучистость моих откровений
Настоящего и Былого...

1986
Филадельфия

ПОЕТ АЛЕША ДМИТРИЕВИЧ

Поет душой Алеша Дмитриевич,
А в голосе то горечь, то тоска.
Цыганского страдания царевич,
Скитальцев нас уносит в облака.

Там, в облаках, парят слова простые,
Там нет пустых кабацких вечеров.
Душа цыгана тянется к России,
Подальше от парижских фраеров.

Эй, что ты говоришь о той разлуке,
Что затянулась туже, чем ремень?
В мой голос будут вслушиваться внуки
Российских городов и деревень.

Он будет плыть, хрипя и будоража,
О пасынках России говорить.
Изгнанникам всемирного миража —
Обугленные души бередить.

Разлукой нас пытались искалечить,
Российство истребляли с малых лет.
Но вот поет — Алеша Дмитриевич,
И в сердце снова — негасимый свет!..

1985
Филадельфия

НЕСУРАЗНОСТЬ

...и с наглухо застегнутым лицом
Ко мне подходит бывший россиянин.
Все как-то плохо стало пред концом
И там на родине, и здесь за океаном.
Жуки-навозники в литературной мгле
Зело попахивают в собственном тепле.

Зело попахивает старый циферблат
Командуя зело семейством стрелок.
Шестерки — стать тузами норовят
Вылизывая дно чужих тарелок.
И поражая явной несуразностью
Лицо сползает на крутую задницу.

...и с наглухо застегнутой душой
Выпячивает жлоб противоречья.
Покрылся механизм речей паршой
Былого всероссийского увечья.
Но узнаваем профиль и анфас
В сегодняшней перестановке фраз.

Давно незаводимые часы
Теперь уже несутся без оглядки.
Подтягивая к ижицам азы,
Тузы (шестерки бывшие), в порядке,
Нет не свободы истинной, а гласности,
Зело попахивают в жидкой несуразности...

1987
Филадельфия

ЕЗДОК

Авангардизм стиха, как шум поветрий,
Ездок сварился в собственном соку.
Но герметизм петербургских геометрий
Осаживает каждую строку.

На ритм века нечего ссылаться,
Издревле все подчинено нутру.
И чтобы вдохновенно расписаться,
Я Пушкина читаю поутру.

Ездок строку своей судьбой замучив,
Уносится дорогой столбовой.
Днем мне гораздо ближе Федор Тютчев
С его метафизической струной.

А вечером, когда лиризм в ударе,
И все нутро звучит, как водосток,
Поглаживая струны на гитаре,
Пощипывает йодоформом Блок.

Ездок стремится в пасмурные дали,
Минуя эту нынешнюю хворь,
Чтоб ночью ощутить себя в опале
Авангардизма хлебниковских зорь.

1985
Филадельфия

ПОЭТЫ

...а рыльца-то у них, у всех, в пушку,
Иначе как бы выжили поэты?..
Прислушиваясь к каждому шагу,
Маршак ушел в шекспировы сонеты.
У Николая Тихонова — бред,
Партийный бред после ”Орды” и ”Браги”.
Светлов — гнилушкой светится во мраке,
А начинался как большой поэт...
Старик Сельвинский — просто исписался,
Асеев — Маяковского доил.
Доносов Антокольский опасался,
И поговаривают, многих заложил.
Кирсанов скользкий — улыбался мило,
В бесцветной прозе — Шагинян плыла.
Прокофьев — скурвился, Берггольц — пила,
А Вера Инбер — молодых топила...
Да, рыльца-то у них, у всех, в пушку,
Обзавелись поэты животами...
Но вот сумел же Пастернак — труху
Развеять гениальными стихами.
Но вот сумела же Ахматова, опять —
Вернуть растоптанное вдохновенье,
И Ленинграда молодое поколенье,
В традициях былого воспитать!..
Сумела же Татьяна Гнедич — жить,
Переводить на память ”Дон-Жуана”.
Сумел же и Вертинский возвратить
Нам эмигрантское дыханье балагана.
А тени тех, чьи рыльца-то в пушку,
Окончили свои года без блеска.
Я понимаю Заболоцкого... Да, мерзко,
Переводить стихами — чепуху...

1985
Филадельфия

* * *

Не хочется быть прощенным,
Не хочется и прощать.
Не хочется в мире смещенном,
Запретному зад заголять.

Не хочется "премии гения",
Не хочется серых похвал.
Не хочется, до омерзения,
В литературный подвал.

Не хочется временной славы,
Не хочется слов пустых.
Не хочется телеотравы,
Не хочется денег шальных.

. . . .
. . . .
. . . .
. . . .

А хочется тихого слова
Изведать великую власть.
К подножью Креста Христова
С низким поклоном припасть.

1985
Филадельфия

* * *

Я пишу, как живу, а живу я в последний раз:
    То ли дух мой в скитаньях устал,
    То ли ум недостаточно гибок?..
Распадается пряным дымком индуистский рассказ,
    Пересказы рассказа пестрят
    Звездопадом вселенских ошибок.

Я живу, как люблю, а люблю я в последний миг,
    В промельк лет дневниковых,
    В черновик неисправленных знаков.
Пью свой пот, пожираю предсмертный свой крик,
    И слежу как мечты человечества
    Опиум давят из маков.

Я люблю, как лечу, а лечу я в последний предел
    Заблудившихся мыслей разрыва
    В блаженной галактике звука.
Мой костер путешествий почти что уже догорел;
    Не волнуйтесь, шальные попутчики,
    Я — не из вашего круга...

1985
Филадельфия

* * *

Сгораю для других на полигоне
Стихийных стихотворных испытаний,
Благожелательств, недопониманий,
И просто пораженческих агоний.

Сгораю на виду, и опаленным
Крылом судьбы, иных судеб касаюсь:
Святых, свирельных таинств приобщаюсь,
И поражаю Словом неуемным.

Сгораю мимоходом в переменах
Былого в нынешнем и завтрашнего в прошлом.
Открыт, растерзан временем дотошным
До тошноты в полуистлевших генах.

Горит мое нутро от перегара
Последнего, в огне простых агоний.
Сгораю для других на полигоне,
За несколько мгновений до кошмара...

1985
Торонто

ВОЛЧЬЯ ИСПОВЕДЬ

Ненавижу собачью преданность,
Их почти человечьи глаза.
Историческая недоделанность —
Подсознательно влезла в оседланность,
Вот и преданы — волчьи леса.

Волки, волки! — мои сородичи,
Всюду прячемся мы от собак.
Раны лечим в полынной горечи,
Чтоб стихи нас будили средь полночи —
Темной кровью отпетых бродяг.

От сатрапов собачьих в чащобы
Мы бежали теряя бойцов.
К волчьим ягодам сонной Европы,
К волчей яме запрятанной злобы,
К тем же самым прислужникам псов.

Поздно, поздно кивать на причину,
Стонут луны в желтых глазах.
Преждевременную кончину —
Уготовит мне выстрел в спину,
В этих новых волчьих лесах!..

1985
Филадельфия

СУДЬБА

> За мною пес — Судьба моя —
> Беспомощно больна.
>
> *Владимир Высоцкий*

...а вы в послевоенных поездах
Куда-то, к черту на рога, катились?..
Вот для меня две лярвы потеснились,
Огурчик нежинский зазвякал на зубах.
Сменила четвертинку — поллитровка
На тряском, в хлебном крошеве, столе.
Одна из лярв, ну, явная воровка,
Уже летит со мной на помеле...

А морды слева, как и рыла справа, —
В махре, в тряпье, в растерзанной судьбе.
Мы пацанята — не по той тропе
Бежим к добыче, а дремучая держава
Свербит победой, безотцовщиной, жульем,
Красивой ложью скомканных процессов.
Сплошное выживание кругом
Во имя чьих-то скрытых интересов.

А лярвочка, в карманах, по-хозяйски,
От денег оставляет пустоту.
Я смолоду был с водкой не в ладу,
Проснулся, тишина... Ни рыл, ни тряски.
Наколот черту на рога — вагон,
Как довоенный, никудышный рубль.
А за окном — пирамидальный клен
И приазовский город Мариуполь.

...а вы в послевоенных поездах
Куда-нибудь из дома убегали?..
Но, зуб даю, как я не сберегали
Былое в этих, выщербленных, днях.
А я, я убегал всегда от скуки,
От всесоюзных, оборзелых дел.
Не дай вам Бог, мои земные муки,
Моей судьбы летящей за предел!..

1985
Филадельфия

РУССКИЙ ЯЗЫК

Угольки напечатанных слов, из печей
    Выпадают в пространство времен.
Путь привязан к унылому миру вещей,
    Гонит годы судьба под уклон.
И слова превращаются в конницы книг
    С неожиданным, в души, набегом.
Напророчили: — Будешь богат и велик!..
    Мне ж хотелось быть — человеком.
В чистом поле свободно скакать и скакать,
    Песни звонкие петь на просторе.
И однажды, однажды — такое сказать,
    Чтобы с ветром умчалось горе.
Чтобы споря с судьбой, обгоняя года,
    Мчались в души конницы книг.
Ты со мною везде, ты со мною всегда,
    О, великий мой — Русский язык!

1985
Филадельфия

ИЗГНАННИКИ

Темный Ангел Мережковский
Все уже давно предрек:
Мир изгнанника есть плоский,
Русской памяти Восток.

Там скуласто мы кочуем,
Пушкина читаем вслух.
Девок запросто целуем,
Режем пиковых старух.

Там, гоняясь за жар-птицей
В тусклых текстах Ильича,
Тихо бредим заграницей,
Азиатство волоча...

Там в труху нас перемелет
Строй расхристанной глуши.
Только Запад не приемлет
Смурь загадочной души.

И как Божье наказанье —
Жизнь зажатая в тиски.
Добровольное изгнанье,
Дружелюбные враги...

Темный Ангел Мережковский
Все давно уж предсказал...
О, мой русский, жесткий, хлесткий,
Азиатский идеал!..

1985
Филадельфия

ПЕСНЬ СЕВЕРНОГО КОЧЕВНИКА

Вне времени я — северный кочевник,
Гоню в пространство буйного коня.
Земные травы, весело звеня,
Мне подстелили юный свой передник.

Без сожаленья срезан первоцвет,
А конь меня куда-то вдаль уносит.
Прощайте! Пусть уныло вас докосит
Расчетливый, крестьянский домосед.

Мне выпало на долю от судьбы,
В пространстве, не задерживаясь, мчаться.
Вне времени — над временем смеяться,
И над временщиками похвальбы.

Скачи, мой конь, скачи не уставая,
Земные травы не жалея мни.
Берите! Я дарю вам эти дни!
Ваш домострой унылый покидая...

1985
Филадельфия

НЕЗАЩИЩЕННОСТЬ

Незащищенность!.. Мир почти ослеп,
Уверенность давным-давно в опале.
Ватообразный мну годами хлеб,
Живу годами точно на вокзале.
Гвоздикой пахнет гладкая скамья,
За тонкой стенкой дружно жрет семья.

Незащищенность!.. Твой дырявый холст
Не уберег нутро сплошных сомнений.
Киношный дух, плюс кадры ухищрений,
В былое заминировали мост.
На полустаночке стругаю тонкий прутик,
Но тянется упорно к солнцу лютик.

Незащищенность!.. Все-таки живет,
Еще живет надежда на защиту.
Романтика когда-нибудь свой счет
Предъявит веку, веку-паразиту.
Черешневых ветвей непахнущая мгла
Иллюзией цветов обволокла.

Я знаю, что случайно выбор пал
На эту, всех и вся — незащищенность.
Ущербных поколений отрешенность
За непригодностью отнесена в подвал.
Быть может там — нас просто проморгали,
Когда в чужие земли отпускали?..

Незащищенность!.. Ты — незавершенность,
Клубок запутанных, затасканных концов.
Здесь вроде бы порхает благосклонность,
И за людей считают... подлецов...
Однако, Боже! Если б не однако?..
А потому терпи, терпи бумага.

1985
Филадельфия

* * *

Вдали Отечества ни жить, ни умереть
Не даст спокойно землячок российский.
И чтобы до конца не озвереть,
Я шерстку глажу прибежавшей киске.

Здесь что не разговор, то с подлецой
Выуживанья нужных информаций.
Еще одной страничкой слюдяной
Шуршит брошюрка русских эмиграций.

Такая, братцы, в горле сухота,
А выпить не с кем, хоть полно шалманов.
Растрата сил, пустая маята,
Осколки лиц и песни уркаганов.

Обнажены сплетенья наших дум,
Но внешне крепко каждый завальцован.
О, шелуха недостающих сумм,
Я до сих пор тобою замордован.

Вдали Отечества не умереть, не жить,
Не потерять и не найти былого.
Пытаюсь молодости всплеск восстановить,
Но как беспочвенно отрубленное слово!..

1985
Филадельфия

ЯРОСТЬ

Падалью питаются шакалы, —
Кость отнимешь, поднимают вой.
Рядовые — вышли в генералы,
Генералы — стали солдатней.
Эмиграция есть высшая коммерция,
Двухсистемная, продуманная ложь.
Не сумел ни там, ни тут втереться я,
Значит, братцы, мне идти под нож.
Или быть всю жизнь на побегушках
У богатых, но бездарных дураков:
Их убожество, в расхожих почеркушках,
Прославлять за горстку медяков.
Пить невзгоды из разбитой кружки,
Коль взяла эпоха под уздцы.
Вышли в "гении" горбатые старушки,
И заносчивые в "славе" огольцы.
Злобно в мании величия несутся
Узколобых носорогов табуны.
Только в их гроссбух не протолкнуться
Сквозь "литературию" шпаны.
Главный каптенармус оборзел,
Все ему мундир блестящий снится...
Круг читателей заметно поредел,
Вот что значит, прочих сторониться.
Ярость бывших, ныне под сурдинку
Подвывает бездарям в хлеву.
И... читая эту писанинку,
Я — белугой раненой реву.
Падаль мне подбросили шакалы:
"На, читай наш авангладный вой!"
Рядовые — вышли в генералы,
Генералы — стали солдатней.

1985
Филадельфия

* * *

Зачем я здесь?.. Я — третий лишний,
Неприбранный, несимпатичный...
Застенчивость мне душу мнет,
А призрачность из-за угла пугает.
Былое время — убывает,
Но... предстоящее... грядет...

Зачем здесь я?.. Играю в прятки
С самим собой, но взятки — гладки,
И гладок глаз скользящих лед
Над берегами грез застывших.
Припоминаю тени бывших,
Но... предстоящее... грядет...

Зачем же здесь я?.. В перелесках,
Во взвизгах, в сутолоке, в тресках,
В пространстве, чуждых сердцу дней?
Зачем?.. Ведь не перепадет
Мне ничего в конце столетья.
В прошедшем не сумел сгореть я,
Но... предстоящее... грядет...

1985
Ист-Хэмптон

142

НЕПРОЗРАЧНОЕ ВРЕМЯ ВЕЛИМИРА ХЛЕБНИКОВА

Непрозрачное время,
    совсем непрозрачные дни,
Непрозрачных бесед
    непрозрачно-вонючая муть.
В непрозрачных стихах
    непрозрачный намек сатаны,
Непрозрачный, задрипанный
    разною сволочью путь.

Я бреду наобум,
    никуда не свернуть, не уйти,
Непрозрачная зависть вокруг,
    а внутри лепрозорий тоски.
С непрозрачною фигой рукав,
    скрыв обрубок культи,
Стер похабный рисунок
    со школьной, стыдливой доски.

Непрозрачность желаний
    студенистостью смысла дрожит
Под горчицей гордыни
    пацанов заигравшихся словом.
К доскам русской судьбы
    образок непрозрачный прибит,
Но святыни России —
    святыни и под покровом...

1985
Филадельфия

РАЗГОВОРЧИК

Вы о новом, я же все о старом,
Перерублены концы концов утрат.
Мой отец был красным комиссаром,
Ну, а я — советский эмигрант.
Водку в псевдорусском ресторане
Пью с убийцей из "второй волны".
Он как муха в перевернутом стакане
Трепыхается, а мне, ну хоть бы хны.

Пьем на брудершафт и целованьем
Поражаем бруклинских блядей.
Он — крещенный собственным изгнаньем,
Я — враньем крещенный иудей.
Из болот его очей припухших
Пьянь сочится крокодильих слез.
Ну, а у меня из дней протухших
Память перхоть сыплет из волос.

Что там было в красном полушарие,
В днищах дней изъеденных жучком?!
Под портвейн, кусок подошвы жареный,
С дорогим, по-блату, балычком.
Мне от прошлого, ну никуда не деться,
Хоть на части сердце разруби.
Хочешь жить, еврей, умей вертеться,
Зарабатывать кровавые рубли.

Он, седую прядь крутя на палец,
Южно-русским тычет говорком:
— Был у нас в полку один засранец,
Я его потом, под бугорком...
Звался Кац, из ваших, из пархатых,
Но такая проблядь, что хоть плач.
"До свиданья, города и хаты!.."
Ну какой же я, скажи, палач?..

В предрассветной ветоши Нью-Йорка —
Бруклин брюквой бюргерской набух.
Золотится красная икорка,
Серебрится алкогольный дух.
Расстаемся братски, но в смущенье
Уплывают из-под глаз глаза.
Общее везенье-пораженье,
Русский крест, давидова звезда...

1986
Нью-Йорк

* * *

Ускользанье судьбы, убыстренья
В обнаженных утробах толпы.
Никуда не уйти от старенья,
От победного пораженья
Общепринятой молотьбы...

Упрощенье судьбы, увяданье
В безутешности новых дней.
Барабаны гремят, барабанье
Ритмизированное стенанье
В необузданности страстей...

Я еще зарываюсь в книги,
От насущных проблем ошалев.
Пастухов галилейских крики
Надувают парус "Кон-Тики",
Каббалистикой долетев...

И является вся в извивах
Трижды проклятая судьба.
Куролесит в Стовратных Фивах
Иудейство властолюбивых,
Унавоживая черепа...

1986
Филадельфия

* * *

Литературщина — это когда
не слово становится плотью,
а плоть словом.

Н. А. Бердяев

Кабинетный придаток
    на фоне губительных книг,
Восковая персона
    смещенных эпохой понятий —
Я сижу на руинах,
    где мир перемножен на миг
Равнозначных эмоций
    в клоаке ненужных занятий.
Безволосой фарфоровой куклой,
    без ресниц и румян,
Всплеск прошедших фантазий
    пылится в коробке жилища.
Ипостась прикрывает судьбу
    ворожбой земляничных полян,
Только яд красоты
    излила духовная пища.
Снова плоть ненасытную
    я на длинной веревке вожу
По бульварной отраве
    разложившихся в прессе отбросов.
И... конечно... пишу...
    все еще о России пишу,
Под вонючие запахи слов
    в живодерне вчерашних доносов.

1986
Филадельфия

147

* * *

Жизнь моя, моя судьба,
Ты — пирог слоеный.
Справа — русская изба,
Слева — быт говеный.
Перепутаны концы,
Пепел, кровь и стоны.
Не стрельцы, а стервецы
Тычут лбы в иконы.

А с икон-то не ахти
Там какие лики.
Пострел енок у ольхи,
Дядька в облепихи.
Курам на смех частокол
У стальной калитки.
Ряд намоленных Никол
За трендежь Никитки.

Жизнь моя, моя судьба,
Ты — пирог слоеный.
Вновь по воробьям стрельба,
Снова не прощенный.
И бегу себе, бегу,
Пятками сверкая.
На чужом, на берегу —
Изгнанным из "Рая"...

1986
Филадельфия

* * *

Традиций нет!.. И за ненадобностью, ныне,
Романтика в сарай отнесена...
Пороки наши, как река в пустыне,
Безумством солнца выпиты до дна.

Традиций нет!.. В эклектике поветрий
Жестокость — сверхъестественность плодит.
Абстрактным верхоглядством перевит
Мир прошлых достославных геометрий.

И где найти мне первозданность слов —
Оболганных, затертых, извращенных?
В безвременье живу без соловьев,
Без откровенья чувств незащищенных.

Свой романтизм, как подбитое крыло,
Крылом бунтарства прячу от издевки.
Однако подлость на конце веревки —
Тройным узлом завязывает зло.

Мир приучили сызмальства к дубине,
Везде и всюду — стадности стена.
Традиций нет!.. И за ненадобностью, ныне,
Романтика в сарай отнесена...

1986
Филадельфия

ДЖОН ЛЕННОН С ЙОКО ОНО НА ЭКРАНЕ...

Подруги наши — нас переживут,
Попутчики — судьбу перечудачат.
И лишь художества по-прежнему маячат,
И вновь на полпути сгореть зовут.

Казалось ливерпульскому парняге:
Мир — яблоко с плешивой мелюзгой.
В простые песенки влюблялся шар земной,
Когда он пел, то прекращались драки.

Когда дурачился, то расцветал кругом
Быт бизнесменов, хиппарей, девчонок.
Замучил громкой славой до печенок
Поп-ритм века с пестрым ярлыком.

Джон Леннон с Йоко Оно на экране
Замедленными кадрами скользят.
И жизнь моя опять в бесцветный ад
Стремится сквозь чистилище познаний...

1985
Филадельфия

ВСЛУШИВАЯСЬ В ИГРУ ДЖОНА КОЛТРЕЙНА

Чувак Колтрейн увел в густую тему
Марихуаной сдобренных синкоп.
К сиреневому Африки гарему,
Где жены звуков целовали в лоб.
Там медитаций знойные тамтамы
Наколками картинных галерей —
Нутро страстей из европейской рамы
Тащили к ритмам черных дикарей.

Свершалось нечто, лаской непохожесть
До спазмы доводила долгий рык.
Тянул чувак в нью-йоркскую тревожность,
В распухший, неподатливый язык.
От нервов оставались только ритмы,
От перепонок — сумасшедший лязг.
Творил Колтрейн гигантские молитвы
Кровопусканьем африканских ласк.

И небо умещалось на конце
Горячечной тоски марихуаны.
Нью-Йорк желком разболтанным в яйце
Пытался залечить свои же раны.
Чувак Колтрейн раскрепощал состав
Крови в протухших лабиринтах сброда.
Густую тему Африки избрав
В хрестоматийном импульсе фокстрота.

1985
Филадельфия

НЕГАТИВЫ

Паутинами городов —
    негативы расплылись ртутью.
Вздулась кожа земли
    волдырями осенних плодов.
Керосином пропахшая
    плесень вчерашних газет,
    поражает сетчатку — жутью
Позитивных решений
    доброкачественных мертвецов.
Рок-певец в паутинах
    сияющих лиц застыл тараканом.
Возбужденный гашишем свободы,
    плюнул в колодец юнец.
Мы еще копошимся на гранях,
    прихлопнуты чьим-то стаканом,
Разногласьем политик —
    созидая... прекрасный... конец...
Вся планета гниет
    грибными местами предатомных споров,
Красных, желтых и синих
    звезд пауки,
    города государств оплели.
Каждый день негативы
    расплываются ртутью
    во мгле коридоров,
В каждом новом открытье,
        У В Ы ! —
    изощреннее гибель Земли...

1985
Филадельфия

152

ЭЙДС

Что груди женщин, те же черепа —
Доказывают нам мужские яйца.
С охоты приволок я запах зайца,
Жаркое — слопала незримая тропа.

Приправив запах заячьей капустой,
Я сам себе воскликнул: — Молодец!
Без Третьей Мировой расчистит скоро ЭЙДС
Наш мир земной и несколько приплюснутый...

Анальные отверстья — космодромы:
Ракет микроскопический полет —
Увлек туда, где карнавал невзгод
Под маской страсти, прячет гниль саркомы.

А мы еще кудахчем: мир, любовь,
Война, политика и запах зайца!..
Но в тупиках систем — мужские яйца
Гниют в глазницах женских черепов.

1985
Ист-Хэмптон

НЬЮ-ЙОРК

Валентину Герасимову

Нью-Йорк, о Нью-Йорк!
    Я люблю твои смачные язвы,
    неприкрытость цветущих помоек,
    упругие члены витрин.
Вавилонистый Гарлем
    извергает густые миазмы,
    деловой Уолл-Стрит —
    деловито гниет изнутри.
Нью-Йорк, о Нью-Йорк!
    Ты катишься дьявольским яблоком
    к тромбофлебитным ногам
    позлащенной своей нищеты.
Отражается в водах Гудзона
    размагниченно-скрюченным обликом
    Бруклин сгустком местечек
    живучей еврейской мечты.
Нью-Йорк, о Нью-Йорк!
    Я раздавлен как клоп "Близнецами",
    саксофоном в ночи кокаин
    задувает в ноздрю пустота.
Вот облезлые белые клячи
    спят с черными пацанами,
    аппетитные ляжки швыряет
    из кровати в кровать, пестрота.

Нью-Йорк, о Нью-Йорк!
        Сосисками блещут шоссе,
        фактура обшарпанных стен
        расцветает искусством хаоса.
Последнего шанса глоток
        кока-кольей бутылкой во сне
        растекается в судьбах людских
        медно-кобальтовым купоросом.

Нью-Йорк, о Нью-Йорк!..

1986
Нью-Йорк — Филадельфия

* * *

Душит кислый запах вони
Тараканов, говорков.
Срам апломба, гниль агоний,
Жуть охоты на волков.

Душат мрачной тенью годы
Перестроек, передряг.
Те же самые уроды
Держат тот же самый флаг.

И слова о правде душат
Бывших зэков и ворья.
Хорошо нам бить баклуши
В синем пламени горя!..

1986
Филадельфия

* * *

Мы никогда друг друга не поймем
И не простим, тем более, друг друга.
Безумство Родины, ее шальная вьюга,
Перевернула этот мир вверх дном.

Разбитыми лодчонками в чужом,
Недружелюбном оттиске простора —
Мы не избавились от прежнего позора
Махать перед друг другом топором.

Нам слава современника, что кость
Застрявшая во мгле луженой глотки.
Мотает чужедаль гнилые лодки,
И волны эмиграций мечут злость.

Мы никогда друг к другу не причалим,
Угрюм и ограничен наш мирок...
Так будь же и в разлуке, мой пророк,
И одинок, и чист в своей печали.

1986
Филадельфия

* * *

Эмигрантская почта слёз
Расплескалась дождями бахвальства.
Я не там, мои милые, слез
С таратаечки истуканства.
Я не тут, мои милые, жил,
Не по здешним учился повадкам.
Вам не сладко, мне тоже не сладко,
Всех нас, всех этот век невзлюбил.

Эмигрантская почта почти
Однобокостью правдоподобна.
Узелки не развяжут мечты,
Ибо суть их весьма несъедобна.
Да и что в этом пользы, в нытье
По распавшимся, по некрылатым?
Безалаберный быт — бытие
Ловит тенью в объеме измятом...

1986
Филадельфия

ЗЕРКАЛЬНОСТЬ

> Чисто духовные силы в лучшем случае
> недооцениваются, а то и вообще
> остаются незамеченными...
>
> *Василий Кандинский*

Зеркальной репликой (не что это, а как...) —
Безвременье копирует предметы.
Пронзительность имен в застойности клоак
Растворена стандартами планеты.
Бездарность вгрызлась в плоскость городов
Цветастостью доступных репродукций.
Абстрактный взгляд, бульдозером обструкций
С землей сровняла философия кротов...

Художник, если он не зеркало времен,
А спектр, что недоступен пониманью —
Всегда был серостью стандартов оттеснен,
Хоть и стремился к Высшему познанью.
Злым треугольником в кругу земных забот
Вращались плоскости семьи, жилья, работы.
Зеркальны мы, стандартны от природы
Своих сверхмощных ядерных пустот...

Жрать репродукции себя из общей миски
Нам суждено в стандартности систем.
Спектральный Дух высвобождал Кандинский,
Но оставался треугольник — глух и нем.
Гниет Великое в зловонной слизи дней,
Прут в Никуда самодовольные микробы.
Зеркальной репликой стандартные трущобы
Играют с мясом пушечных страстей...

1986
Филадельфия

159

* * *

Почто окрысилась буранами зима
В кубышке наших распрей неизбывных?
Разодранна глухих небес тесьма
И валит снег предвзятостей крапивных.

Лирический наив сменил разъезд,
И надвое душа благих порывов.
Я раньше не встречал подобных типов,
Сжирающих тебя в один присест.

А ныне, Господи!.. Почто все это ныне?
Остаточность болезни той... тогда...
Полузабытым призраком в витрине
Скользит пятиконечная звезда.

1986
Филадельфия

ОТ ТОЧКИ А ДО ТОЧКИ Б

...любил от точки А до точки Б,
Мотаться я в чечеточном плацкарте.
Смазливую попутчицу, некстати,
Наигранной веселостью к себе
Подманивать то исподволь, то с ходу,
Особенно в ненастную погоду...

А за окном, ах Боже, за окном —
Россия в Бологом и в Старой Русе!
Вот теплой водочкой бутылочное устье
Впадает в кружки. Мы усердно пьем,
Гуторя, начинаем изгиляться,
Чтоб при своем же мнении остаться...

Но точка А совсем не к точке Б
Ведет сквозь пьянь попутчиков лукавых.
Я отпечатался на скатерти "легавых",
Разостланной в моей лихой судьбе —
Бродяги, балагура и поэта,
Исколесившего Россию без билета...

За тридевять земель от точки Б
До точки А теперь не дотянуться.
Да надо ли?.. Уже отвык я гнуться,
И крадучись, и не по той тропе
Брести куда-то наобум святых
По арифметике лампасов голубых...

1986
Филадельфия

ЧИСТОЕ ИМЯ ПАВЛА ФИЛОНОВА

В. К. Завалишину

Перепрелые мысли
          идею родного рывка схоронив,
Сладковатую вонь
          в перепады событий подпустят.
Революция — ржавой булавкой
          проколет отечный нарыв,
И кровавой рекой
          разольется в России искусство.

Пузырями причуд
          болотные топи вскипят,
Слой на слой,
          и объект на объект устремится.
Бурлаки-передвижники по-над Волгой
          под водку судьбу матерят,
Чтобы в Питере Павел Филонов
          смог дождем обновленья пролиться.

Так да здравствует ''Проповень'' —
          откровеньем раскованных слов!
Пусть посконная правда,
          паруса превращает в рубахи.
Пусть мужичья тоска медным оком
          глядит из дремучих углов,
Озверев от безверья времен
          в колодцах животного страха.

Нет, не луч Ларионова,
        и не татлинский соввавилон,
Моего современника
        вешней водой пропитали,
А Филонова — чистое имя,
        что Шемякина взяло в полон,
А снобистские критики Запада
        в шагалистой мгле прозевали.

Лица в лица,
        в дубовые, в рыбьи глаза,
В искривленные линии судеб,
        в обрывки парчовой фелони.
До сих пор я молюсь —
        на священнийшие образа,
До сих пор на устах —
        это чистое имя Филонов!..

1986
Филадельфия

СТИХИ К ДРУГУ

GLORIA

Тяжелая плата за Славу,
За память, за подвиг, за взлет!
Ты — первым явился по праву,
Другие теперь уж не в счет.
Других и Россия и Запад
Не знает, не видит в упор.
Их тени унылые зябнут,
Горька их судьба до сих пор.

Тяжелая плата за жизнь,
За живопись, за доброту!
В сплетеньях шемякинских истин —
Друзья познают высоту.
Пусть недруги распаляясь
Вопят о себе взаперти.
Ведь к Славе приводит не зависть,
А брезжущий свет впереди.

Тяжелая плата за правду,
За искренность сказанных слов!
И горечь предательств в награду,
И ссоры из-за пустяков.
Плывут в небесах озверелых,
К России плывут облака.
Ты — первым явился из первых,
И это уже — на века!

Нью-Йорк
1984

САНКТ-ПЕТЕРБУРГСКИЙ РОМАНС

Михаилу Шемякину

Затеряться где-то с краю
  в карнавалах Петербурга,
                Петербурга,
                Петербурга...
На троих —
  шлепнуть водки в подворотне
под огурчик,
под соленый,
под заведомой брехней глухонемых.
Затеряться где-то с краю
  в карнавалах Петербурга,
                Петербурга,
                Петербурга...
И со дна —
  точно рак-отшельник видеть,
как меняется,
как стонет,
как утопленником вздулась вся страна.
Затеряться в Петербурге
  где-то с краю в карнавале,
                незаметным,
                неуслышным...
Пока —
  лезут вон из кожи "братья"
по несчастью,
по бутылке,
по лохматым рассужденьям свысока.

Затеряться в карнавале,
в Петербурге где-то с краю,
безразличным,
беспардонным...
А потом —
Ванькой об землю, но только
не в России,
не в России.
Череп в маске, речь чужая с хохотком.

1985
Ист-Хэмптон

ШЕМЯКИНУ ЗВОНЮ...

Наварю картошки, водки остужу,
Селедочки нарежу, приглашу друзей —
Умерших в России, оставшихся в России,
Будем пить и плакать, юность вспоминать.

Ох-хо-хо, чужбинушка!.. Выжил я — подранок,
Боль не зарубцована, годы — вкривь и вкось.
Серые писатели, серенъким читателям
Врут, чтоб их заметили, о юности моей.

Там, в ложноклассическом, где гуляет сиверко,
В призрачном, осеннем подвиге живу.
Сторожу ненужное, берегу никчемное,
Сочиняю весело и люблю не тех...

Все мои товарищи, все мои приятели,
В люди вышли нонеча, не то что я — поэт.
А друзья-подранки, в том суровом времени,
Слишком рано умерли, раны бередя...

На тарелке ржавый, тонкий хвост селедки,
Льдистая картошка и стакан мой пуст.
Снежным комом в горле — ночи Петербурга,
В неуемном горе — Шемякину звоню...

1985
Филадельфия

ОСЕННЕЕ

Драгоценный изумруд плесени...

М. *Шемякин*

В драгоценных изумрудах плесени —
Драгоценное гниенье осени.
Медный всадник в душах недорезанных,
Застывает в переулках окиси.

Паутинки одиноко носятся,
Воздух осени — неухватимо-льдист.
Сны и тени постоянно просятся
На процветший карнавалом лист.

В изумрудах драгоценной плесени —
Изумруды драгоценной юности.
Ночи Петербурга занавесили
Наши исторические трудности.

Плод, изгибы сторожит ссыхания,
Плесень переходит в изумруд.
В патине осеннего сгорания,
Годы — драгоценности несут.

Ибо все, чем мы когда-то грезили,
Мир к стопам бессмертия сложил.
Драгоценным изумрудом плесени —
Медный всадник в памяти застыл!..

1985
Ист-Хэмптон — Филадельфия

171

ИСТ-ХЭМПТОНСКИЕ ЭЛЕГИИ

I

Кусок природы выгрызет окно
впадающее в пасмурное утро.
Портретным сходством поколенья —
август,
бутылка в черепе,
распиленные дни.
Деревья ржавой зеленью —
стекло,
царапают иллюзией садизма.
А небеса играют в домино,
забить "козла"
пытаясь предгрозовьем...

II

...и паданцев интимные рельефы
от дикой яблоньки ничем не отличить.
Узорчатая листьев анатомия,
в руке зажата буйного ствола.
По очертаньям облака скольжу,
читая преждевременность разлуки...
Благодарю тебя, столь черствая судьба,
за этот щедрый до безумия,
подарок!

III

Так день за днем,
и снова день за днем —
в мгновенья отношений ускользают
на вещи,
встречи
и поверхностные взгляды.
Сбиваясь с мысли,
в пересчет
полураспавшихся событий уношусь.
Но,
        желтый крест метаморфоз восточных,
но,
        хиромантия вспорхнувшая с ладони —
в разнообразном ускользанье дней,
ярчайшей вспышкой встречи
застывает...

IV

Простые вещи — хлеб, бутылка, сыр...
Ненастный день вползает в натюрморты.
В ист-хэмптонской избе фон Комаровских,
работает Шемякин на износ.
Два волчьих глаза поперек холста
выискивают нужное сплетенье:
предмета,
цветовых решений,
внутреннего взгляда.
Над диктатурою фактуры —
хохоча!..

V

Он возвратился к живописи,
умудрен —
пространством Петербурга и Парижа.
На переплете книги дня —
бутылки,
заржавленная русская краюха,
в зазубринах венецианский нож.
И... мздой
за перегар шальных загулов —
безмолвные, в цилиндрах, черепа.
Да, да,
зачерпнута ведром судьбы обида
из черноты бездонного колодца.

VI

Затеял дождь унылую возню
в непроходимость тусклого на белом.
Деревьев голые прорехи дребезжат,
жестянки листьев
консервируют сознанье.
На грязно-голубой развалине небес
мелькают невесомые раздумья.
Весь день как бы оброс
вечерним состояньем,
загадочного,
с тусклым взглядом
с т а д а . . .

VII

Сарай играет в призрачность вещей
наваленных или совсем ненужных.
На деревенской скрипочке — паук
наигрывает паутинку блюза,
одиннадцатый глаз слегка скосив
на бабочку в футболке с черепами.
Бутыли выпирают из холста
сосредоточенностью погреба над прошлым.
Там пыль — растение не-тронь-меня,
там юность,
да, юность с глянцевой игрой в полутона,
завалена годами и вещами...

1985—86
Ист-Хэмптон — Филадельфия

АВЕ ЧРЕВО!

В мясных мавзолеях туш,
под гимны вываливающихся внутренностей,
я рассматривал пиратские карты
растекающейся крови.
Буйство фактуры поигрывая мускулами,
зримо наводило на мысль:
— Да!
Это Голландцы Семнадцатого,
но обновленные совершенством видения —
МИХАИЛА   ШЕМЯКИНА!..

География Старых Голландцев
Начиналась с разлапистых туш.
Бей палитрой по яйцам паяцевым,
Вольнодумец, прославивший глушь.

Сквозь столетья икают крестьяне,
Все что в нынешнем — было вчера.
Залезайте, художники, в сани,
Едем в путь пировать до утра!

В симпатичных козявках трупарня,
Жирный блеск — негативами глаз.
Ржавой кровью измазали парня,
Дед во внутренностях увяз.

Трупы с ребрами-веерами
Застывают в холодном поту.
Бычьи туши тычут хвостами,
А свиные плывут по холсту.

Кто там первым задержит движенье,
Кто в музейной всплакнет полумгле?
Человечество без сожаленья
Жрет свое отраженье — филе.

Аве Чрево! — Машина прогресса,
Планетарность Большой Кишки!
Кровь с продольного каплет надреза,
Вытекает мозг из башки.

Аве Чрево! — Моя мясорубка,
Обязательность, стадность, порок.
Как шашлык телефонная трубка,
Твердым фаллом уперлась в висок.

Пьют художники красочность Чрева
В обновленной фактуре веков —
От голландского, в прошлом, запева —
До шемякинских смачных холстов.

Петербургским, парижским, нью-йоркским
Тушам в будущем бронзоветь.
Аве Мясо под соусом звездным!
Аве Окорок вплавленный в медь!

1986
Саг-Харбор – Филадельфия

В ШЕМЯКИНСКИХ ФАНТАСМАГОРИЯХ

...а под маской обглоданный череп
Простонал в пустоту: — На качели б!..
Дым былого распался на клочья
Обнажая замшелый ландшафт.
Вместо памяти — пыль многоточья
И эпохой размотанный шарф.

...а вдали заскрипели качели,
Звуки явно оттуда летели.
Из-под маски сочился огонь
Неизвестного цвета и формы.
Облепила лягушечья вонь
Портупеей всемирной реформы.

...а с полотен слиняв, персонажи
Влипли в души корявые наши.
Черепки черепов чуть повыше
Человеческих дней чехарды.
На качелях историй — булыжник
Долетел до последней черты...

1986
Филадельфия

ПОСЛАНИЕ МИХАИЛУ ШЕМЯКИНУ В СОХО

Если в дружбе крепкая закипь
Петербургских дней и ночей,
То навряд ли кольчатый аспид
Разобщит ленинградских парней.
Василиски скользкого быта
Все пытались выгрызть нутро.
Но летит над болотным быдлом
Память — питерское ядро!..

Криптограммы первых посланий
Над святыней невских утрат —
Млечный путь ледяных скитаний
Расшифрует созвездьем Плеяд.
Время выщелочит в проемах
Серо-буро-малиновых дней —
Исторический, третий промах
Вспять бегущих календарей.

Поколенье в росчерке звездном
Ярким светом сквозь толщи лет —
Полоснет именами в морозном
Петербурге, которого нет.
Здесь в распадах конца столетья,
Время свой замедляет бег.
Да, Шемякин! Путями бессмертья
Мы войдем в двадцать первый век!

1986
Филадельфия

ПЕТЕРБУРГ

Другу М. Шемякину

Драгоценности нашей плеяды
Растащила толпа держиморд.
Упыри, близ дворцовой ограды
Гогоча, производят рекорд.

Устелили мечты листопады,
Медной окисью съеден репорт.
Шелудивых дворняжек эскорт
Ерофеичем съеживал взгляды.

Многих смяла дремучая твердь,
Ярым окликом ныне и впредь
Клокоча в перемесах распада.

Истерический вопль вокруг,
Нам до фени. Звучит Петербург
Увертюрой Летнего сада!

1987
Филадельфия

ШЕМЯКИНИАДА

поэма

Забулдоны, злюки, злыдни, упыри,
Рвань заштопанная в масках на снегу.
Ты хоть в сотый раз в блевотине умри,
Я к тебе, Санкт-Петербург, не прибегу!..

Там в бутылках исаакиевских колонн
Пиво викингов с окурками древлян.
С каждой стенки смотрит главный забулдон
На татаро-иудейских россиян.

Там на Невский из окраин прут глисты,
Монстры цедят политуры сизый ром.
Падший Ангел с воем вывихнув кресты,
Обнажает ленинградский психодром.

Злыдни, злыдни — вурдалачье колесо
Завертели, хочешь сцы, а хочешь плюй!..
Из "обжорки" тянет тухлой колбасой,
Под портретом Карлы Марлы — рататуй.

Из пустынь санкт-петербуржья — верблюжат
Забулдона гонит жилистый самум.
А на Загородном мальчики блажат,
Что к Шемякину попали наобум.

Коли если не святых, то злых чертей,
Не рогатых, но в мундирах тайных войск.
Там пройдоха ухитрялся со свечей
Тихой сапой кой-куда доставить воск.

А ведь другом был Шемякина при том,
Месяцами "на халяву" жрал и пил.
Внешне выглядел — отличнейшим шутом,
Но по сути был — поганейший Зоил.

Злыдни числились в шемякинских дружках,
Каждый в маске, доброхотством поражал.
Вот Кирилл Лильбок на собственных рогах
Гниль помойки приволок и растоптал.

То не Ангел Падший гикнулся с креста,
То не звездами украшенный погон,
А Геннадиев — продажная глиста,
Злой шемякинский холуй и эпигон.

Замедляет время свой суровый бег,
Достоевщина ползет из мокрых дыр.
От рояля тенью к двери имярек,
Не Пиндар, а бездарь грязная, Пиндыр.

Вот модели серой репликой мадонн
Бодро прыгают в бесстыжей полумгле.
Ведьмы — Ирки Янушевской афедрон,
Всех повытеснив, летит на помеле.

Это кто там извивается соплей,
Не змея, ни лев, но заяц во хмелю?..
Ба! Да это ж Левка Зайцев доходной,
Шепчет шельма: — Ломинагой уколю!..

Остолопы, черви, пьяницы, труха,
Паутина, пыль, осклизлые угри.
Карнавальные с окраин потроха
Жарят-парят доброхоты-тихари.

Под копытами заржавленных подков
Петербургский тяжко тащится ампир.
В каждом новом поколенье дураков
Есть свой гений, свой прохвост и свой вампир.

Все — то прозвищем, то кличкой обросло,
Смрад низов, легко и просто к власти — бух!
Забулдона — историческое зло,
Ленинградом обозвало — П Е Т Е Р Б У Р Г !..

Я стою уткнувшись в то, что было дым,
Сикось-накось, да с проплешиной — года.
Никогда я не понятен был другим,
Другом не был никому и никогда...

Но однажды ветер невский подхватил
И к Шемякину швырнул на карнавал.
Черепа, эпохой выщербленных рыл,
Рок под ритм рок-н-ролла раскатал.

Рыла крашенные охрой и сурьмой,
Превращались в монстров, в гениев, в ничто.
Мы — повязаны безумною судьбой,
Вечным проигрышем, вечного лото.

Наши дни стереотипны, как страна
С фантастической закрученностью лет.
Мы — обрывки проштампованного сна,
Бога с дьяволом задумчивых бесед.

В семьях наших постоянный бурелом,
Все, что строим, улетучилось как дым.
Лодки, лодки мы, плывущие вверх дном,
Каждый — вот он, но едва ли ухватим...

Подлость подвигом об стенку спичкой — чирк,
И в распутицу, по лужам босиком...
Карнавальный, кровью харкающий крик
Бьет шемякинским загадочным холстом.

Мразь, фарцовщики, подонки, стукачи —
Возникали в слизи скользких октябрей.
Ленинград!.. Твои весенние грачи
Упорхнули в сказку смазанных дверей.

Ну, а Запад по мозгам линейкой — хлоп!
От застолий голова гудит горшком.
Непонятно — кто тут батька, кто тут поп?..
Эх ты, Русь моя, Расеюшка с душком!..

И попятилось сознанье в рататуй,
К мудозвонству легендарных масок-рыл.
Ленинград!.. Ты лучше палец свой не суй
В щель, что дядя-гинеколог не добрил.

Снова монстры вурдалачье колесо
Завертели, хочешь плюй, а хочешь сцы!..
— Дорогая, мы станцуем "Тбилиссо",
Ты сама потом залезешь мне в трусы.

А предзимок, колкой юности снежок
Серебром к ногам безумствуя швырнул.
Мир шемякинских видений, как ожог:
Чача в глотках, чилибуха чересчур.

Наше игрище средь чопорных хором
Петербургских классицизмов, Ленинград
Разогнал своим просоленным кнутом,
Превращая нас в затравленных зверят.

Хулиганы, шлюхи, суки, алкаши —
Задирали в коммуналках, кабаках,
Но в годах шестидесятых, в сгустках лжи,
Жили мы в санкт-петербургских временах!

Все — то прозвищем, то кличкой обросло,
Мы ушли в легенды, в слухи, в пошлый треп.
Наша юность машет сломанным веслом
Там, в пучинах ленинградистых трущоб.

Там в пучинах братья Лягачевы, флаг
Петербургских карнавалов берегут.
Там Сигитов зорко вгладывался в мрак,
В злобной закипи заносчивых паскуд.

Там Овчинников, свой прозревая стиль,
Высоко штандарт Шемякина воздел.
Семеошенков — полуразбитый киль
Укрепить в безумстве шторма не успел.

Там Арефьев, Ва́сми, Шварц и Ротенберг —
Насмерть ринулись в глухой девятый вал.
Там Росточкина в оцепененье вверг
Мрак пучины, поглотившей карнавал.

Мало, мало нас на палубе времен,
Ветер души рвет пространствами разлук.
Обнажился петербургский небосклон,
Недруг — другом стал, но предал близкий друг.

Этот — выдохся, а тот — предельно туп,
Окружение — мельчает с каждым днем.
Есауленко, да я — матерый Юпп,
Под одной Звездой Художника живем.

Падший Ангел — петербургский Ленинград,
Нас везде и всюду в масках сторожит.
О, Россия!.. Нет дороги нам назад,
Но Шемякин — лишь тебе принадлежит!..

1985–1986
Ист-Хэмптон – Филадельфия

ЗОВ ПОКОЛЕНИЯ

ЭСКИЗЫ ГОРОДА

I

...и Петербург на привязи теней
Чеканит строк прибрежные граниты.
— Эй, пьяница-ямщик, да не гони ты
В безвременье российских лошадей!..
— Давай, ямщик, по хрусткому снежку
Еще в одном промчимся лихолетье.
Купецствуют кремлевские медведи,
Сухие крошки — бросив мужику...

II

...и Ленинград на привязи идей
Чеканит слов глухие монолиты.
А приглядишься — те же троглодиты
Веревки вьют сплошных очередей.
В пещерной пустоте свербит нутро,
Зато начальник в шкуре бронтозавра
Прием голодных отложив на завтра
Жует со смаком птеродактиля ребро...

III

...и город призрачный на привязи аллей
Чеканит образы распавшихся строений.
Все перемешано и все полно гниений
В болотной хляби ядовитых октябрей.
Дымок унылый вьется от костра,
”Окно в Европу” — досками забито.
Россия — у разбитого корыта...
Скрипят напрополую флюгера...

1984
Филадельфия

189

* * *

Дальние пронзили звуки
С той заветной стороны.
Стародавние недуги
Жадно протянули руки
В перевёрнутые сны.

Сны затягивали плавно
Обволакивая взгляд.
Так отчётливо, так явно
Видел я совсем недавно
Список горестных утрат.

Те утраты раб галерный
Оставляет за кормой.
Шум Расстанной и Шпалерной,
Поцелуи благоверной,
Дивный город над Невой.

Над Невой брожу в тумане,
Звуком Запада пронзен:
Что живёшь ты в балагане,
Ходишь с фигою в кармане,
Не пора ли за кордон?..

За кордон, за чью-то маску
Без открытого лица.
В перебранку, в перетряску,
В сволочную свистопляску
Говорливого лжеца...

Дальние пронзили звуки,
Ближние пронзили сны.
Тут и там умыли руки!..
Сам я заплатил за муки,
В этом нет ничьей вины.

1985
Филадельфия

* * *

Лето, душно,
        чугунная, белая ночь за окном.
Баб отправив на юг,
        мужичишки ударились в пьянство.
Это время всплывает
        каким-то распаренным сном,
Эти летние ночи —
        растравили мое россиянство...
По проспекту скольжу
        погрузившись в грузинский коньяк,
Ловит серый мой глаз —
        молодых и охотливых сучек.
Может в том государстве
        я жил абсолютно не так?
Может, скажете, здесь на чужбине,
        мне чуточку лучше?..
Лето, душно,
        чугунная, черная ночь за окном.
Город — тихая пристань
        с чужим, непонятным укладом.
Обступают виденья:
        вот Введенская там за углом,
Вот опять в гастроном
        мужичишки отправились стадом...

1985
Филадельфия

* * *

Устоявшийся быт,
Хладнокровные к прошлому вещи —
Обывательский взгляд превратит
В дорогие музейные мощи.

Но умрут зеркала,
Первозданность утратят картины.
Густопсовых мошенников мгла —
Поглотит интерьер мой старинный.

Я останусь в словах,
В легендарности Шестидесятых!
Там стоит Петербург на часах
Средь вещей, Ленинградом изъятых...

1986
Филадельфия

ГРУСТНОЕ ПОСЛАНИЕ СТАРОМУ ДРУГУ

Анатолию Пронину

Мы теперь о многом сожалеем,
Только вслух пока не говорим.
Тяжело работаем, стареем,
И все реже в Ленинград звоним.
И все реже мы звоним друг другу:
— Замотался, извини, старик!..
Горы нами вывезенных книг,
Ныне вызывают только скуку.

То, что происходит в этом мире,
В мире том — легендой обросло.
Нет, мы не такие как в ОВИРе,
И куда нас только занесло?..
Чужестранцы, циники, поэты,
Фантазеры с дальних берегов.
Наше прошлое со старых ярлыков,
Переписывают новые газеты.

Мы забыли наш прожженный опыт,
В жизнь чужую силимся врасти,
И души превозмогая ропот,
Не хотим багаж перетрясти.
Под одну гребенку нас постриг
Дядя Сэм — суровый парикмахер.
— Это, брат, тебе не шахер-махер!
— Замотался, извини, старик!..

1985
Филадельфия

* * *

...и запах снега и мочи
Охапками по подворотням...
О, город, скомканный в ночи,
Тенями брошенный в Обводный!
Вы думаете, что в канал?
Да нет же, в мир обводный, серый.
Здесь нас — поэтов истреблял
Мужик дотошливый и вредный...

...и запах злобы и прыжка
Охапками навален в кучи.
Пусть Кронверка за обшлага
Зальется равелинной кручи!
Вы думаете — тех камней,
Что Петропавловкой зовутся?
Да нет же, наших юных дней,
Которые уж не вернутся...

1985
Филадельфия

РАЗРЫВ-ТРАВА

Кустари-одиночки,
    примелькавшийся сброд преисподни,
В разных девках, как будто бы
    в разных перчатках.
Наплывает (в который уж раз?)
    "Солнцедар" в подворотне
И стихи, что на лестничных,
    питерских стынут площадках...
Подвывают фабричные черти
    моей стороны Петроградской,
В заводских корпусах вурдалаки
    клепают котел пятилетки.
Все здесь скомканно, смято давно
    пятерней панибратской,
К старым дядькам в постели
    второгодницы влезли, нимфетки...
Тянет, тянет разрыв-трава
    пожухлые стебли к чужому порогу,
К перемешанным будням
    сомнительных встреч и утрат.
Как в заезженной кинорекламе,
    в сотый раз — выхожу на дорогу,
Только в тысячный раз —
    исподлобья глядит Ленинград...
Не мои там стареют друзья,
    не мои там любовницы зреют,
Не мои там читают стихи,
    и давно уж не пьют на мои.
Я не первый, не первый,
    у кого на устах слова леденеют,
Не последний, кто с грустью признается:
    — Да!.. Петербург — это больше не мы!..

1985
Ист-Хэмптон — Филадельфия

МОИ МОСКОВСКИЕ ПОЭТЫ

Вспоминаю московские дворики,
На "Собачьей площадке" пьянь.
Ах, поэты мои, алкоголики —
Забубенная русская рвань!..
Генрих Цыферов, подбоченясь,
Лупит словом московских древлян.
Игорь Холин, зело взъерепенясь,
Пьет за "Солнечный Скобарестан!"

Мы — поэты Москвы и Питера,
Монстры двориков и чердаков,
Прем вслепую на лысого лидера
Да и прочих кремлевских царьков.
Там у памятника Маяковскому,
Там на Лобном, возле Кремля —
Наши первые строки расплесканы
Так, что корчится красная тля.

Галансков там читает на площади,
"Щит и меч" гадюк по пятам...
Убежали красивые лошади
К цэдээльским седым лошакам.
Нам — плевать! Потирая ладони
Мы уходим в отчаянный кир.
Над бездарным Сурковым на троне
Зубоскалит Генрих Сапгир.

Никуда из загона скотского
Не уехать и не упорхнуть.
Мы горланим песни Высоцкого,
Водкой глушим радиомуть.
Рано нам подводить итоги,
В каждом слове — закон тайги.
Вот уже куролесят "СМОГи",
Обновляет словарь Айги.

Вас — поэтов Москвы и Питера
В неизвестности, из года в год,
Из-под тряпок красного пидара
Запрещенное Слово ведет.
Русь вернется в родные селенья,
Куст поэзии неопалим.
Всех непризнанных сочиненья
Мы, изгнанники, издадим!..

Вспоминаю московские дворики,
Юность шестидесятых годов.
Ах, поэты — ершистые ёрники,
Двух столичных моих городов...

1986
Филадельфия

* * *

Итак, мне с Близнецами — не судьба
В партнерстве пожирать судьбы хлеба.
Мерцает в полумраке скользких дней,
Не то чтоб юношества шалые поступки,
А россыпь вдавленных в пространства хрусталей
На дне огромной петербургской ступки.

Итак, судьба вразброд. И в Знаках счет
Совсем не к знаменателю ведет,
Как принято, иль как должно считаться.
Привязан к Малой Невке пароход
Навечно и графично... Можно шляться

По свету пестрому внутри сквозной души.
В Удельном парке зодиаки-алкаши
Картинно распластавшись созерцают
Астральный мир ушедших в никуда.
Лисицы братской дружбы охраняют
Восточноевропейские стада...

Все — Близнецы, и все друг другу вроде
Необходимы при любой погоде,
Тем более под микроскопом. Вздор
Несет река младенческих условий.
И Млечный путь судьбы, как скотный двор
Смиренно шествующих к бойне поголовий.

1986
Филадельфия

ПОСЛАНИЕ ВАДИМУ БЫТЕНСКОМУ В ТОРОНТО

На Старорусской у Бытенского
Стоит веселый тарарам.
Девчонки и мальчишки с Невского
Стихи читают по ночам.
Там при свечах за чашкой кофе,
Эпохе злой наперекор —
Вычерчивает время профили,
Чеканит скорый приговор.
"Кафе Поэтов" на Полтавской
Выплескивает горсткой нас.
Еще живет страна под маской
Обманутых Хрущевым масс.
Но скоро первые морозы
Коснутся наших душ и дум.
И метастазами доносы
Врастут в осиротевший ум.
Судьба одних — семья, работа,
Других же — против ветра сцать.
Мы — дети дивного болота,
Нас не купить и не продать.
Нам слово русское — дороже,
Чем этот пошлый тарарам.
Страна идет по бездорожью,
Стихи читает по ночам.
На Старорусской у Бытенского
Осталась юность, не вернуть.
Мальчишки и девчонки с Невского,
Где оборвался гордый путь?
И на каких сейчас широтах
Вы расплескали имена?..
Былое — в невских плещет водах,
Живет под маской — старина...

1985
Филадельфия

* * *

Заболею Невой,
     поперхнусь Петропавловским шпилем,
В русских залах
     музейный озноб проберет до костей.
О, Дворцовая площадь!
     Из осени в осень картавит фальшивым
Тенорком параноик,
     увлекая в разгулы шальных октябрей.
Я еще сомневаюсь
     в магической прелести сонного вида
В наслоеньях камней,
     черепов и ушедших под землю времен.
Утонул Петербург —
     древнерусской мечты Атлантида,
Захлебнулась Россия —
     самозванством зловонных имен...

1986
Филадельфия

ИНТОНАЦИИ

...и выношенных лет цветная пыль
Взметнется и на скатерти осядет.
Отрыжка — винегретом перекатит
Из небывальщины в занюханную быль.
На Лахтинской с лубков слинявший люд
Развесит рыла рвотных провокаций.
В родную речь ослизлых интонаций,
Змееныши панельных слов вползут...

...и новизной расстрелянный словарь
Подцепит вилкой дефицитную селедку.
Болотным осьминогам — все в охотку:
"Ну ты там, не дрожи рукой, скобарь!"
Смотри как лихо пьет рабочий класс
За мать Ети и за отца Едрёныть.
Да, я могу на сто рублей поспорить,
Что наша русская душа, как ананас...

...и сивые кобылы гнутых слов
Плетутся в сумерках расхожих зарубежий.
Неистребимый, дерзостный, медвежий
Застрял в мозгу заржавленный засов.
Сверкнув заплатками осатанелых дней,
В новейший слог — былое наряжаю.
Разлук и родин шелуху вращаю
Под интонации обрыдлых ахиней...

1986
Филадельфия

ПОСЛАНИЕ ОЛЕГУ ЛЯГАЧЕВУ В ПАРИЖ

...а в России даже не знают,
что ценностей нет.

Из письма О. Л.

...а в России смена декораций,
Смена поколений, смена лжи.
Грановитая палата от оваций
Реставрированной древностью дрожит.
Падают слова не разбиваясь
В новенький, дымящийся навоз.
Мы на Западе, свободой обжираясь,
Прошлое пускаем под откос.

...а в России новые порядки,
Новые поэты, новый треп.
На весь мир старосоветские заплатки
Правдой-маткой окровавив лоб
Встряхивают пыльные одежи
Мордами, что жаждут кирпича.
Русь все та же и нутро все то же
И все тот же запах первача.

...а на Западе лукавое российство
В ограниченном пространстве мельтешит.
Утвердившихся посредственностей свинство
Творчеством сомнительным тошнит.
Здесь в цивилизованном болоте,
К премиям стремится плоский бес.
Лжесвидетели из-под харкотин
Прошлому идут наперерез.

...а в России даже и не знают,
Что ни ценностей, ни откровений нет.
Пустотой меж пальцев застывают
Иллюзорности неухватимых лет.
Смена родин, смена эмиграций,
Как измена сущности земной.
Мы пред гибелью в потоке гравитаций
Ускоряем миг тот роковой...

1987
Филадельфия

* * *

Уйти, уйти от всего:
    от потерь, от побед, от пристрастий.
В пораженчестве жить
    в одиночестве жуткой тоски.
Не свершилось пророчество,
    погибли потомки династий,
Распылились, рассеялись —
    диких орд золотые ростки.
Над учебником судеб
    вьется серый дымок переделок,
И картограф в заботах о ближних,
    изменяет зигзаги границ.
Тараканы арабской цифири
    с хвостами крысиными стрелок,
Циферблатом круглят животы
    и скулят в скуластости лиц.
В тот момент о котором пишу,
    я уже не живу ожиданьем.
Переброшенный дальше предела,
    в пораженчестве жутком ючусь.
Отщипнув от краюхи России
    ситной мякоти пред расставаньем,
По учебнику изгнанных судеб
    науке РАЗЛУКА учусь.
Не свершилось пророчество,
    я повсюду в гранитной упряжке
Классицизма державной Невы
    в пространствах систем и эпох.
Никуда не уйти,
    потому что не розу послал, а ромашки
Мне сквозь вихри времен —
    Александр Александрович Блок!..

1986
Филадельфия

НА АТАСЕ

Послеблокадного детства объедки,
На пепелищах — игры в войну.
Мы не успели, сопливые детки,
Авиабомбой взорвать тишину.
Мы не успели в сквозных самолетах
Слизь героизма киношно слизать,
И не на Пулковских ржавых высотах
С именем Сталина нам умирать.
Заживо в танках мы не горели,
Не партизанили в дебрях глухих.
Даже и власовцами не успели
Повоевать против тех и других...

Послеблокадного детства объедки
Брошены были нам со стола.
Я на атасе, мои однолетки,
Только пахана судьба замела.
Я на атасе, мое поколенье,
В противоборстве с тюремной страной.
Вы, как и я, не погибли в сраженье,
Жизнь обернулась другою судьбой.
Я на атасе, и вы на атасе,
Что не успели, того не вернуть.
Нам никакая страна не украсит
Орденом Жизни блокадную грудь...

1986
Филадельфия

ИМПЕРСКИЙ СОНЕТ

Имперской выправкой, как тем, чего уж нет,
Похвастаться навряд ли вам придеться.
Над прошлым нынешнее в будущем смеется,
Отреставрирован вневременной портрет.

Прах трансформаций в кучки сгреб эстет,
Чтоб в клетке, где душа о прутья бьется,
Моя строка в лучах чужого солнца —
Искрясь словами излучала свет!..

Имперской выправкой, как тем, что есть во мне,
Былая слава мчится на коне
В просторах, мной же познанных, движений.

Года сшибают пепел с папирос
В тот миг, когда я многих перерос
Имперской выправкой своих стихотворений.

1986
Филадельфия

У КОСТРА

Дружки-попутчики, собратья по перу,
И там и тут вы ныне знамениты.
Но не подсядут те и эти прозелиты
К неугасимому в сознании костру.

В огне годов перегорела юность,
Дымком распалась взрослая пора.
Дружки ушли в звенящую иудость,
А я по-прежнему бунтую у костра.

В тех яростных, шальных, шестидесятых,
Оболганных и там и тут годах,
Не в краснозвездных,
И не в звезднополосатых,
А в коммунальных, питерских углах.

Друзья-поэты, милые засранцы,
Люблю вас, монстров, дьявольски люблю!
И хоть живу повсюду иностранцем,
Ан память не предам и не спалю.

В той памяти мы — молодые волки,
С ордой деремся шелудивых псов.
Стихов бунтарских звездные наколки
Неопалимы в пламени костров.

Я костровой ваш, я огня хранитель,
Что в памяти повсюду на века.
Мы разные, но каждый победитель
И гений, но непризнанный пока...

1986
Филадельфия

ГОНЦЫ ПОКОЛЕНЬЯ

Мы пьем за Свободу!..
(Читай — за былую неволю),
Лихих старшеклассниц
Завернув голышом в епанчу.
Смеется безвременье,
Тянет к сплошному застолью,
Роняет эпоха
Отшуршавших эстетик парчу.

От нашего времени,
От питерской яркой плеяды —
Осталось так мало
В простреленных русских краях,
Что здесь, на чужбине,
Уткнувшись в свои перепады,
Мы с горечью пьем
За неволю, сомненья и страх.

Мы пьем за Неволю!..
(Читай — за ушедшую юность),
Гонцы поколенья
Обласканные судьбой.
Танцуй голышом старшеклассница...
Молодость — глупость!
Два мира сжигают,
Сжигают мосты за собой...

1987
Филадельфия

ЗОВ

поэма о моем поколении

1

Воюем!..
Тени прошлого в локальной полосе.
Талантишки — жиринками мелькают в колбасе
Сверхновых ощущений, порубленных живьем.
Кто чем,
Кто где,
   а все-таки...
А все-таки — живем!..
Нахально врем, клевещим,
Друг другу глотки рвем.
Опять — животрепещим,
Хоть все еще в былом —
Воюем с культом Сталина в хрущевской полынье,
А истина в Отечестве по-прежнему — в вине!..
Очередной там бредит —
То миром, то войной.
Нас — черт проклятьем метит,
Бог — русскою тоской.
Еврейцы — краснозвездное повсюду волокут:
Кто чем,
Кто как —
   в рассеянье,
В ментальности живут.
А время?..
Время — деньги,
Или трущебный гной.
Улитки и уклейки
Мелькают под водой...

2

А помните?..
И память горло схватит
Доэмигрантской, деспотической рукой.
Послевоенная эпоха — бочку катит,
Вожак — усы развесил над страной.
Ей — этот недоделанный кавказец,
Как воздух нужен был, как сто рублей.
— А ну потешь отца, Никита-братец,
Изобрази-ка нам любовь свиней!..

А помните?..
В холодной мгле рассвета
Стук в дверь, фуражки, рыла понятых.
Глядят "Отца", с парадного портрета,
Два глаза... добротою... налитых...
— Кругом враги, жиды-космополиты,
Ахматова и Зощенко под стать.
— Лаврентий, брат, мы не антисемиты,
Но этих — надо перевоспитать!..

А помните?..
В гробах красивых, красных,
Вожди из братских, покоренных стран,
А лица наших родичей опасных
Из памяти ушедших в Джезказган?
А нас, заморышей, растущих на задворках
Культуры, пропаганды и вражды?
Преследует кровавая в "Вечерках",
Акулья пасть рубиновой звезды!..

3

Довоенные резиновые ботики
Полусношены блокадными детьми.
Топают по лужам идиотики —
Синие дистрофики мои.

"Красный треугольник" отпечатался
На снегу кровавых площадей.
Как ты выжил, в чьих дворах ты прятался,
Маленький, затурканный еврей?..

Сверстники, мальчоночки курчавые,
И куда же вы, куда ушли?
Что вам эти слюни величавые,
Вопли, Богом проклятой земли?..

Затерялось в полумгле парадной
Детство опаленных пацанят.
Литераторство поры послеблокадной
Пальцем в память тычет наугад.

Забываются — фугаски и дуранда...
(Надолбы — соцреализм возвел).
Бьет из серых дзотов пропаганда,
Тянет лямку Родина, как вол.

Он в усы прокуренные, хмуро
Всунул трубку новых передряг.
"Строить коммунизм" бредут понуро
Орды покоренных доходяг.

Мальчики поры послевоенной,
Мы от рук отбились — не вернуть.
Воровской, фиксатый, внутривенный,
Приблатненный — уволок нас путь.

Довоенные резиновые ботики
Продали приезжим за гроши,
И ушли в туманные наркотики
Первой диссидентской анаши.

Безотцовщиной нас время испытало.
Нет, мы не хотели жить как все.
Сверстники, а было их не мало,
В пограничной шлялись полосе.

Что там, что за красной занавеской,
За колючей проволокой окна?..
Наше детство кончилось... повесткой,
В зэки нас зачислила страна.

Кинохроники замедленные кадры
В темном зале памяти плывут.
Погибают сверстников эскадры,
Но своих позиций не сдают.

Комом в горле — полусношенные ботики,
Болью в сердце — мрачные дворы.
Топаем по лужам, идиотики, —
Горстка довоенной детворы...

4

О чем вы, современнички, базарите?..
Совсем не так звучит родная речь.
Прошедшее пешком в провалах памяти
Бредет, пытаясь мир предостеречь.
А вам, вам хоть бы хны в чужом краю,
Когда я в синем пламени горю.

Прошедшее, в годах шестидесятых,
Каким-то странным образом замяли.
В шевиотовых одеждах мешковатых
Непризнанные гении искали
Тот, поколенья зов неосторожный,
Что столько лет закован был в "спецхранах".
И под чифирный, сумрачный, острожный,
Кровавый запах в незаживших ранах,
Все ж обнаружились следы слепящих драм.
Твой "Камень" долетел к нам, Мандельштам!..

Барахтаться в грязи — гораздо легче,
Чем ливнем памяти прошедшего умыться.
Иных уж нет, а сами мы далече,
В "свободный мир" успели просочиться.

О чем вы, современнички, базарите,
Былое — ковыряя злым пером?..
Кто где,
Кто как
            коптит в провалах памяти,
А все-таки, а все-таки — живем!..

5

Лучшие строки — в ярости,
В ненависти, в любви.
Нет! Не боюсь опасности!
Господи! Благослови!

Хочешь, в Москве на площади,
Где Маяковского стать,
Я — поэт доморощенный
Буду стихи читать!

Хочешь, в сибирской тундре
Я наловлю песцов?
Все — за шальные кудри!
Все — за твою любовь!..

. . . .
. . . .
. . . .
. . . .

Лучшие годы — в ссылке,
Лучшие строки — в стол.
Лучшие русские книги —
Брошены на произвол.

Нет! Не хочу воскресения
Из мертвечины лет!
Я — не поэт рассеянья,
Я — из России поэт!

...есть и в русских, советских стихах
моего поколения —
боль о Родине,
только скрыта она кумачом
повседневных бряцаний
обязательного восхваленья.
Бог расстрелян в семнадцатом,
дьявол души сверлит Ильичом.
Мы хотели печататься,
Петербурга ленинградские парни,
нас подталкивал бунт,
однобокий хрущевский доклад.
Мы еще не вдохнули тот смрад,
ту партийную вонь мыловарни.
Псы, хвосты поприжав,
исподлобья глядят на волчат.
В С П Л Е С К!..
Поэты в Кафе на Полтавской
стихи вдохновенно читают,
откровенностью строк
протыкая гнойный нарыв.
Только псы недобитые воют:
— Э-э-э... что они знают
о псаре всех псарей?..
— Нас еще позовут, возлюбив!..
В стенку — лбом,
но в большую поэзию — дудки!
Лишь какая-то часть
горло сжав подползла к пирогу.

Остальных потянуло
к вину, на рожон, в проститутки.
Всех растерзанных зов,
я — матерый, сквозь жизнь волоку.
Много ль надо для памяти?..
Но и эту, казалось бы, малость
извращают такие же волки
в изгнанье,
в разлуке,
в нужде.
ПОКОЛЕНЬЕ МОЕ!
О, как мало нас в мире осталось!
Боль о Родине — выстрел...
От былого не скрыться нигде.

7

Я отработаю за вас, как и положено,
И память сохраню на пустырях.
О время, время — вновь ты искорежено
Самовлюбленной диктатурой рях!

Двадцатый век властолюбивой плеткой
Хлестнул по телу крошечной Земли.
И расы с перерезанными глотками
Под гусеницы бытия легли...

Перемешали нас, перетрясли, продули
"Шестерками" шальные шулера.
Я не погиб в краю родном от пули,
Но жил под красной тенью топора.

Там прошлое — оболганно, опошленно,
И однокашники в кровавых орденах.
Но тем, кто сгинул, я, как и положено,
Воздвигну Петербурги на костях!..

8

Голубые троллейбусы
    в сером пространстве проспекта
Проплывут и растают
    реальней, чем нынешний быт.
Сколько лет я живу
    этим чудом сквозного эффекта:
Непрощен и непризнан,
    недооценен, недобит?..
Сколько лет я на ветер бросаю
    стихов позывные?..
Ну, летите!.. Разумное, вечное
    сеять в расщелине бед.
Голубые троллейбусы
    огибают рострально-двойные
Маяки ленинградских моих
    нерасплесканных лет.
Значит, чудо свершилось,
    значит все еще — полдороги
С бугорками затравленных дней
    уводящих в глухую тоску.
Поколенье мое!
    Нам безмолвье досталось в итоге;
Зов поэтов непризнанных,
    я повсюду с собой волоку.
Из-под глыб отрицаний —
    Роальд Мандельштам прорастает,
Леонид Аранзон —
    ловит зайца борзое ау.
Николая Рубцова талант —
    бесконечные дрязги съедают,
Морев, яростный мой Александр —
    заблудился в дубовом лесу...

Голубые троллейбусы
    в петербургском сером пространстве
Проплывут и растают
    реальней, чем нынешний быт.
Так зачем, Ленинград,
    обвиняешь меня в хулиганстве?
Я в разлуке с тобой,
    но мой голос, как выстрел звучит!
Вызов брошен безмолвью,
    ораторией — зов поколенья:
Да, я слышу вас, слышу —
    поэты с берегов оловянной Невы.
Ведь кому-то же надо —
    запечатленьем мгновенья
Натянуть до отказа
    поющую нить тетивы...
Вы простите, поэты, меня,
    что живу, что еще не о всех я
В этом самоизгнанье,
    в этой долгой разлуке сказал.
Зов плеяды моей,
    ты — Русской Поэзии веха,
По которой повсюду, повсюду
    я сердцебиенье сверял.
Голубые троллейбусы
    в сером пространстве шуршат,
Забывается многое,
    да и в прошлое нет переправы.
Одинокие волки
    немигающе в память глядят,
Ибо в мире вражды —
    выживают одни волкодавы!..

9

Медные трубы века,
Мелкие зубы врага.
Яблоком русского снега
Звездная пахнет пурга.

Шорох машин осторожных
Фактами сжал циферблат.
Одурью строчек острожных
Хлещет Второй Ленинград.

Рожи рубленной речи,
Миски собачьих глаз.
Медная окись мечети
Выше церквей вознеслась.

Белая ночь поколенья,
Памяти черные дни.
Вновь разгорелись виденья,
Прошлого дикие сны.

Сквозь осторожность, угрюмость,
Салом заплывших дум —
Я волоку нашу юность,
Наш ленинградский шум.

Медное зеркало века
Вехам ломает рога.
Яблоком русского снега
Звездная пахнет пурга!..

10

В прорехах памяти — косых лучей ползучесть,
Мы — тени прошлого — свой желтый крест несем.
У Богом избранных — есть стадная живучесть,
Кто где,
Кто как,
    а все-таки — живем!..
Зов крови убыстреньем скоростей,
Всегда куда-то гнал тебя — Еврей.

Всегда традиции пришельцев, мир землян,
Со злобой отвергал терновниками мести.
Египетская грусть еврейских россиян —
Инопланетное несет в любом протесте.
Вот почему в косых лучах разлуки,
Я к поколенью простираю руки...

Зов поколенья в смрадном, в душном, в узком,
Замызганном объеме сгнивших дней.
Там каждый быть хотел поэтом русским,
Хотя по крови был сплошной еврей.
Косых лучей лукавая ползучесть,
Им уготовила совсем иную участь.

И... надвое!
И... к черту на рога
В разлуку, в боль, в запрет, в непониманье.
О, родины библейской берега!
О, русской родины жестокое изгнанье!
В прорехах памяти — у каждого свой знак,
Люби Земля — космических бродяг!..

1985–1986
Торонто – Филадельфия

книги   михаила   юппа

СРЕЗЫ, США, 1984

ПРОСТРАНСТВО, США—ИТАЛИЯ, 1986